呂思勉 著

呂思勉手稿珍本叢刊

中國古代史札録

33

民食

飲食附烟

服飾

器用

上海古籍出版社

第三十三册目録

服飾

器用

民食

民食提要

「民食」一包札録，内有「民食（上）」「民食（中）」和「民食（下）」三札。都是吕先生從《左傳》《管子》《史記》《漢書》《晉書》等史籍及報刊雜誌中摘録。

吕先生的札録，通常在題頭或紙角上寫有分類名稱，如「倉儲」「荒政」「市糴」等，有些札録也寫題頭。資料多爲史籍原文的節録或剪貼；未録史籍原文的，也在題頭下注明史書的卷第頁碼。如第二五頁「大夫皞國人粟」注見「左襄廿九鄭子展卒條」；第二七頁「凶年則乘駑馬」條剪貼《禮記》的原文；第一頁録《晉書》資料注見「三7上」「廿七4下」（即《晉書》卷三第七頁正面、卷二七第四頁反面）。有些札録也加有先生的按語，如第三一頁、第七九頁等。

「民食」一包（尤其是第三札），多是民國年間的剪報資料，此次整理只收録了一小部分；札録的手稿部分，均按原樣影印刊出。

民食

晋书武帝纪：咸宁五年九月，丁未。起太仓于城东，常平仓于东西市。（三下）

又又列传：郗愔。太和中。郗愔为会稽太守。六月。大旱。灾。火烧数千家。延及山阴仓米数百万斛。（卷六十七）

又杜预传：（杜预）拜度支尚书。预乃奏……兴常平仓……五十余条。皆纳焉。（卅四下）

又王浚传：勒数浚不忠于晋。并责以百姓馁乏。积粟五十万斛而不振给。（卅九下）石勒载记：勒将图浚。引子春（王子春）问之。子春曰：幽州自去岁大水。人不粒食。浚积粟百万。不能赡恤。（一〇四下）

又武帝纪：咸宁四年十月，扬州刺史应绰伐吴皖城。斩首五千级。

貿穀米百八十萬斛。（三85）　王渾傳：都督揚州諸軍事，鎮壽春。

吳人大佃皖城，圖為邊害。渾遣揚州刺史應綽督淮南諸軍攻

破之。並破諸別屯。焚其積穀百八十餘萬斛，稻苗四千餘頃，船

六百餘艘。（四10）

晉書劉頌傳：上疏曰：……今廬弋陽，之在利農，、在事難……

平釋已有因制。其未備也。可就因吳制，移積穀。（四62）

又虞潭傳：詔以鎮軍將軍吳國内史。後徙會稽内史。未發。還復吳

郡。……吳時軍荒之除。百姓饑饉，死亡塗地。潭乃表出倉米振

救。之蘇峻（七62）

又陶回傳：遷……吳興太守。時人飢穀貴。三吳尤甚。詔欲聽相鬻

賣。以拯一時之急。回上疏曰。……不如開倉廩以振之。乃不待報。
輒便開倉。及割府郡軍資數萬斛米。以救乏絕。由是一境獲全。
既而下詔。並敕會稽吳郡依回振恤。二郡賴之。陶回傳(七八上)
晉書王羲之傳……（……吳會尤甚。……時東土饑荒。羲之輒開倉振貸。……）遺尚書僕射謝安書曰。……倉督監耗盜官
米。動以萬計。吾謂誅翦一人。其後便斷。而時意不同。近檢校諸
縣。無不皆爾。餘姚近十萬斛。重斂以資姦吏。令國用空乏。良可
歎也。(八〇上)
又王長文傳。太康中。蜀土荒饉。開倉振貸。長文居貧貸多。後無以
償。郡縣切責。送長文到州。刺史徐幹捨之。不謝而去。(八二下)
又陳騰傳。騰遷由當方鎮。穀價踊貴。市長擅請出倉穀賑百插。

秋，以三倍徵之。從事陰復諫。……驗納之。乚四六8上

晉書良吏鄧攸傳：守吳郡。時郡中大饑，攸表振貸。未報，乃輒開倉救之。臺遣散騎常侍桓彝、虞𩦎慰勞饑人。觀聽善不。乃劾攸以擅出穀。俄而有詔原之。乚九十6上

又外戚傳：王蘊補吳興太守。會郡荒人饑。輒開倉贍卹。主簿執諫。請先列表上待報。蘊曰。……於是大振貸之。賴蘊全者十七八焉。朝廷以違科免蘊官。士庶詣闕訟之。詔特左降晉陵太守。九三6上

又桓玄傳：值荊州大水。仲堪振恤饑者。倉廩空竭。玄乘其虛而伐之。乚九九2上

晉書陳敏傳下：以郡廉吏補尚書倉部令史。及趙王倫篡逆，三王起義兵，久屯不散，京師倉廩空虛。敏建議曰：「南方米穀皆積數十年，時將欲腐敗，而不漕運，以濟中州，非所以救患周急也。」朝廷從之。以敏為合肥度支，遷廣陵度支。（以下略）

又劉元海載記上：是歲（永興）二年，離石大饑，遷於黎亭，以就邸閣穀，留其太尉劉宏、護軍馬景守離石，使大司農卜豫運糧以給之。（下略）

又鄭袤傳：子默，出為東郡太守。值歲荒人饑，默輒開倉振給，乃舍都亭，自表待罪。朝廷嘉默憂國，詔書褒歎，比之汲黯。班告天下，若郡縣有此比者，皆聽出給。（武帝時的事）止

晉書劉聰載記：暉遣師攻郭默於懷城，收其米粟八十萬斛，列三屯以守之。（照注）

宋書五行志：晉海西太和中，郗愔爲會稽太守。六月，大旱，災火燒數千家，延及山陰倉米數百萬斛。（照注）

又沈曇慶傳：時歲有水旱，曇慶議立常平倉以救民急，太祖納其言，而事不行。（照五行注）（南史無此語）史臣曰：……常平之議，行於漢世。元嘉十三年，東土潦浸，民命棘矣。太祖省費減用，開倉廩以振之，病而不凶，蓋由此力也。大明之末，積旱成災，雖敝同往困，而救非昔主，所以病未半古，死已倍之，並命比室，口減過半。若常平之計興於中年，遂切扶患，豈至是乎？若籠以平價，則官苦民優，議居

當時。蓋由於此。（略）

宋書張暢傳。元嘉二十七年。索虜托跋燾南侵。……彭城兵力雖多。而軍食不足。……時歷城衆少食多。……時太祖遣員外散騎侍郎徐爰乘驛至彭城取米穀定最。爰既去。城內遣清道之。盡聞知。即皆逃散百姓盡追。爰已過淮。僅得免。初爰去。城內聞虜遣追。慮爰見禽。失米最。虜知城內食少。義恭慮懼棄守計。議則有走。

先是以汴陽言及爰既免。是日虜大衆亦至彭城。（全九之上）集

世祖贊成其議止

義恭初欲去。暢言。今軍食雖寡。朝夕猶未窘罄。量其欲盡。臨時更為便宜。豈有捨萬安之術。而就危亡之道。則亦未可言無積貯也

宋書臧質傳。元嘉二十七年。……虜初南出。後無資糧。唯以百姓
為命。及過淮。食平越石鼈二屯穀。至是鈔掠無所。人馬飢困。聞
盱眙有積粟。欲以為歸路之資。……二十八年正月初。燾自廣
陵北返。便悉力攻盱眙。（它略）

大沈慶之傳。南新郡蠻帥田彥生率部曲封六千餘人反叛。攻
圍郡城。慶之遣元景（柳元景）率五千人赴之。軍未至。郡已被破。焚燒城內
資財及廨舍蕩盡。……

大孝義傳徐耕。晉陵延陵人也。……元嘉二十一年。大旱。民飢。耕詣縣
陳辭曰。……今以千斛助官[redacted]振貸。……此郡雖弊。猶有富室。
承陂之家。處處而是。並皆保熟。所失蓋微。陳積之穀。皆有巨萬。

旱之所驗。實鍾貧民。漂溺之家。多有財寶。宜以等差宜助貧。隨

通儉月。所損至稀。所謂益寡。今敢自勵。以勸造之端。……大

明八年。東土飢旱。東海嚴成。東莞王道蓋。各以穀五百斛助官振

卹。（見上）

宋書宗慤傳：隨隨建威府司馬，申之吉之一向碣磁……慤儉傲

周為陽州刺史王曾侯馮誠拒之。之吉彼之。貴侯棄城走。獲之

於地倉四十二所。粟五十餘萬斛。城內居民私儲又二十萬斛。

（見五欄）

宋書自序：亮林子弟二子從田子。得西曹主簿。時三吳水潦。穀貴民饑。刺史

彭城王義康使立議以救民急。亮議以東土災荒。民凋穀踊。富

民蓄米。且減其價。宜班下所在。覈其虛實。令積蓄之家。聽留一年儲。餘皆勒使糶貨。為制平價。此所謂常道行於百世。權宜用於一時也。（百卅）

梁書庾域傳：長沙宣武王為梁州。以為錄事參軍。帶華陽太守。時魏軍攻圍南鄭。州有空倉數十所。域手自封題。指示將士云。此中粟皆滿。足支二年。但努力堅守。衆心以安。（十一25）（南史五十六廿）

又夏侯亶傳：普通七年。合書放降城五十二。獲男女七萬五千人。米二十萬石。（廿八）　弟夔降魏壽州刺史元慶和於廣陵。凡降男女口四萬餘人。粟六十萬斛。（廿八）

南史齊武帝紀：竟陵文宣王子良為丹陽尹。開私倉振

關於書六。四四之注

南史崔祖思傳 叔父景真……子元祖，時青州刺史沖啟：淮北頻歲不熟。今秋始稔。此境鄰接戎寇。彌須沃實。乞權斷穀過淮南。而徐、兗、豫、司諸州。又各私斷穀米。不聽出境。自是江北荒儉。有流亡之弊。元祖乃上書。謂宜豐儉均之。書奏見從。齊武帝永明九年以

事四七注

又劉懷珍傳 族弟善明，元嘉末。青州饑荒。人相食。善明家有積粟。躬食饘粥。開倉以救鄉里。多獲全濟。百姓呼其家田為續命田。

四九注

又梁宗室傳 南平元襄王偉（文帝第八子）……子恪，恪弟恭……除……

雍州刺史。……先是武帝以雍為邊鎮。運荊州粟以實儲倉。恭乃多取官米。還贍私宅。……」（宋二下）

南史賊臣侯景傳「景食石頭常平倉既盡。便掠居人。爾時米一斗七八萬錢。人相食。有食其子者。」[illegible]（卷八十）[illegible]

宋書孝武帝紀大明七年十一月「壬寅。遣使開倉賑卹。蠲除雜物貴租。」八年春正月。甲戌。詔曰。「東境去歲不稔。宜廣商貨。遠近販鬻米粟者。可停道中雜稅。其以仗自防。悉勿禁。」二月。壬寅。詔曰。「……可出倉米。付建康秣陵二縣。隨宜贍恤。……」（宋六）

魏书世宗纪正始元年の诏以旱故食粟之畜皆断之（卜97）

魏书韩麒麟传……除……齐州刺史。……太和十一年，京都大饥。麒麟表陈时务曰：……往年校比户贯，租赋轻少。臣所统齐州，租粟才可给俸，略无入仓。虽于民为利。案此可见民利输绢布不利输粟而不可长久。脱有戎役，或遭天灾，恐供给之方，无所取济。可减绢布，增益谷租，年丰多积，岁俭出振。所谓私民之谷，寄积于官，官有宿积，则民无荒年矣。（卜十八）

又李彪传：彪又表曰：……谨冒死上封事七条。……其六：……顷年山东饥，去岁京师俭。案彪表言自大和建號踰於一紀當指大和十一年之事内外人庶出入就丰。既废营产，疲而乃达。……若先多积谷，安而给之，岂有驱督顏。綱口千里之外……臣以為宜析州郡常調九分之二，京都度支歲用之餘，各立官司，年豐糴積於倉，時儉則加私之二，糶之於人。如此，民必力田以買官絹，又務貯財以取官粟。年登則常積，歲凶則直給。又別立農官，取州郡戶十分之一以為屯人，相水陸之宜，料頃畝之數，以贓贖雜物餘財市牛科給，令其肆力。一夫之田，歲責六十斛，蠲其正課并征戍雜役。行此二事，數年之中，則穀積而人足，雖災不為害。上（卷六二）

魏書釋老志：沙門曇曜奏平齊戶及諸民，有能歲輸穀六十斛入僧曹者，即為僧祇戶，粟為僧祇粟，至於儉歲，賑給飢民。又請民犯重罪及官奴，以為佛圖戶，以供諸寺掃灑，歲兼營田輸粟。高

宗並許之。於是僧祇戶粟及寺戶。徧於州鎮矣。（節述） 世宗
永平四年夏。詔曰。僧祇之粟。本期濟施。儉年出貸。豐則收入。山
林僧尼。隨以給施。民有窘弊。亦即賑之。但主司冒利。規取贏息。
及其徵責。不計水旱。或償利過本。或翻改券契。侵蠹貧下。莫知
紀極。細民嗟毒。歲月滋深。……自今已後。不得傳委維那都尉。
可令刺史共加監括。尚書檢諸有僧祇穀之處。州別列其元數。
出入贏息。賑給多少。并貸償歲月。見任來收。上尚書錄記。若收利
過本。及翻改初券。依律免之。勿復徵責。或有私債。轉施償僧。即
以丐民。不聽收檢。後有出貸。先盡貧窮。徵債之科。一準舊格。富
有之家。不聽輒貸。脫仍冒濫。依法治罪。又尚書令高肇奏言。謹

東始沙門統曇曜。昔於承明元年。奏涼州軍戶趙苟子等二百家為僧祇戶。立課積粟。擬濟饑年。不限道俗。皆以拯施。又依內律。僧祇戶不得別屬一寺。而都維那僧暹僧頻等。進違成旨。退乖內法。肆意任情。奏求逼迫。致使吁嗟之怨。盈於行道。棄子傷生。自縊溺死。五十餘人。……遂令此等。行號巷哭。叫訴無所。至乃白羽貫耳。列訟宮闕。……請聽苟子等還鄉課輸。儉乏之年。周給貧寡。若有不虞。以擬邊捍。其暹等違旨背律。謬奏之愆。請付昭玄。依僧律推處。詔曰。暹等特可原之。餘如奏。（轉北）

、北齊神武帝紀神武謀遷鄴，諸州和糴粟運入鄴城。（三北）
又武成紀河清四年三月戊子，詔給西兖、梁、滄、趙州、司州之東郡、陽平、清河、武都，冀州之長樂、渤海，遭水潦之處貧下戶粟，各有差。家別斗升而已。又多不付。（全北）
又盧叔武傳：叔武在鄉時，有粟千石，每至春夏，鄉人無食者，令自載取。至秋，任其償。都不計校。然而歲歲常得倍餘。（四二北）
又循吏傳：蘇瓊……除南清河太守。……天保中，郡界大水，人災絕食者千餘家。瓊普集部中有粟家，自從貸粟以給付饑者。（四六北）

周書武帝紀：建德三年正月，詔以往歲年穀不登，民多乏絕，令公私道俗凡有積貯粟麥者，皆准口聽留，以外盡糶。（五上）

又王羆傳：鎮華州……時關中大饑，徵稅民間穀食，以供軍費。或隱匿者，令遞相告，多被篣捶，以是人有逃散。唯羆信著於人，莫有隱者，得粟不少，諸州而無怨讟。（廿八下）

又裴俠傳：遷民部中大夫。時有姦吏，主守倉儲，積年隱沒，至千萬者。及俠在官，屬精著擿，數旬之內，姦盜略盡。（卅五下）

又汴執傳：賀拔岳以執為記室參軍，典機務，尋轉倉曹。……時穀糴湧貴，或有請貸官倉者，執曰：以私害公，非吾宿志；濟人之難，

貨以相遠。乃棄所服玩物。糴粟以振其乏。（冊七下）

又郭彥傳：孝閔帝踐阼。出為澧州刺史。蠻左生梗。未遵朝憲。至於
賦稅。違命者多。聚散無恒。不營農業。彥勸以耕稼。禁其遊獵。民
皆務本。家有餘糧。亡命之徒。咸從賦役。先是以澧州糧儲之少。
每令荊州遞送。自彥莅職。倉庾充實。無復轉輸之勞。（冊七上）

民食

直接分配。即計口授糧，雖在人口之調查及食糧之給與費給領買證，可使公家售米者持是證向公家報銷，公家即加其售去若干。公家宜防代售者之起扣攙雜，攙雜不只劣米，甚有泥沙石子

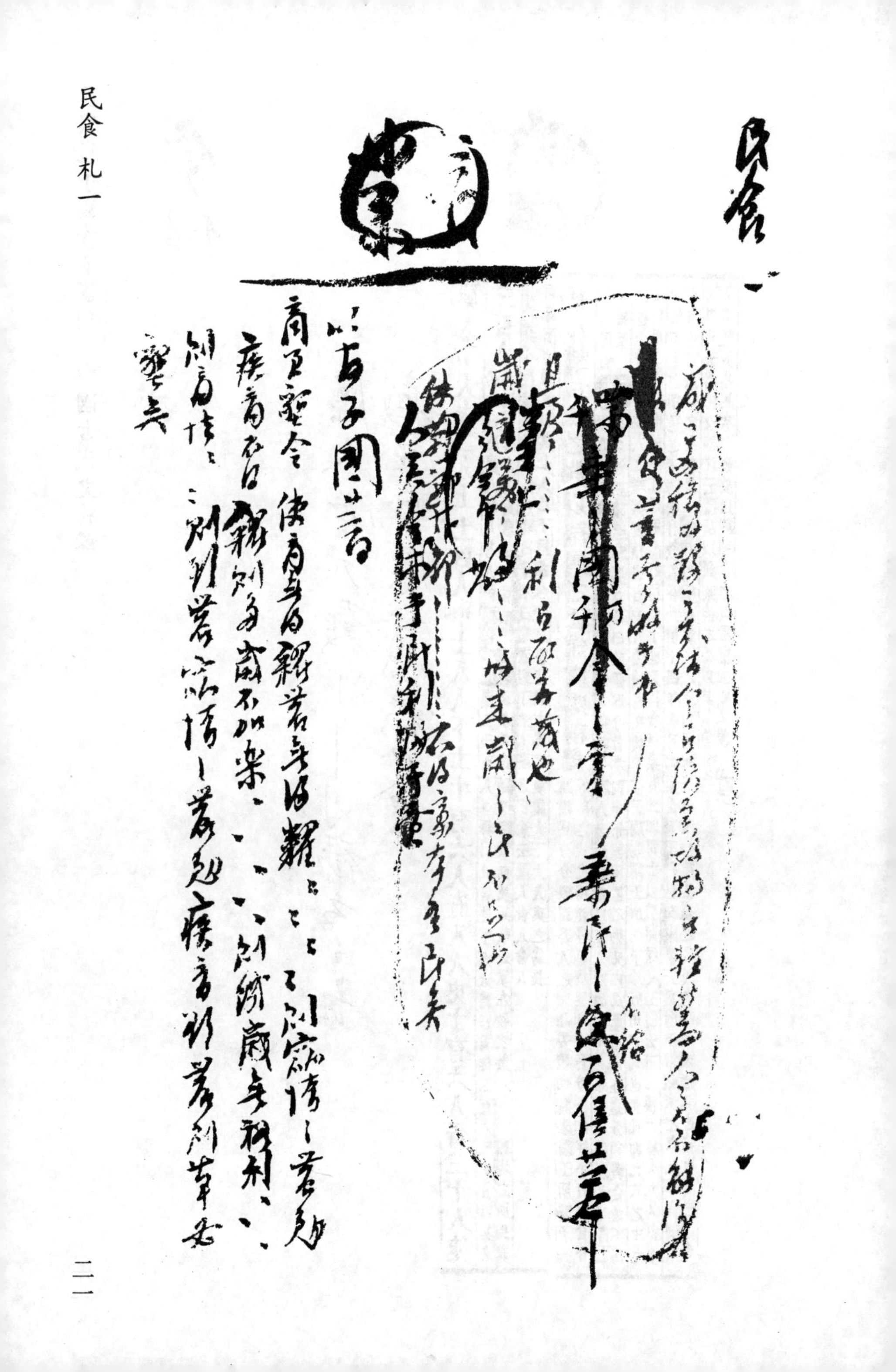

民食 一

[illegible]

以管子國蓄言

商賈藉令[illegible]

[illegible]

貨[illegible]

廩人掌九穀——司祿官之長

藏米曰廩　藏穀曰倉

廩人下大夫二人上士四人中士八人下士十有六人府八人史十有六人胥三十人徒三百人。藏米曰廩。廩人舍人倉人司祿官之長。廩力甚反倉也盛音成 疏 廩人至百人。釋曰此官使下大夫爲官首徒三百人又多者以其米廩事重出納又多故也故其職云掌九穀之數以其米穀地之所長故故在此。注藏米至之長。釋曰藏米曰廩者對下倉人藏穀曰倉云廩人舍人倉人司祿官之長者以其舍人已下同掌米穀之事皆以士爲之故廩人下大夫與之爲長

廩人掌九穀之數以待國之匪頒賙賜稍食 匪讀爲分分頒謂委人之職諸委積也賙賜謂王所賜予給好用之式也稍食祿廩。匪頒上音分下如字下音班食音嗣注同好呼報反 疏 廩人至稍食。釋曰廩人掌米倉人掌穀今廩人云九穀者以廩人雖專主米亦兼主穀故以九穀言之也。注匪讀至祿廩。釋曰破匪爲分者米穀非是匪所盛之物又以爲廬宿布在道分須義合故不爲匪也云分頒謂委人之職諸委積也者委人委積之文具於彼云賙賜謂王所賜予給好用之式也者此即九式之中九曰好用之式是也故彼注好用燕好所賜予也云稍食祿稟者此即司士以功詔祿又王制云下士視上農夫九人祿中士倍下士之類是也。案字法有數名春秋桓十四年八月御廩災天子亦有御廩單云廩則平常藏米之廩此不言御廩則廩中可以兼之矣明堂位魯有米廩有虞氏之學以有虞氏尚孝合蓺粢盛之委故名學爲米廩非廩稱也詩云亦有高廩又云萬億及秭注云廩所以藏粢盛之穗以其萬億及秭數多非藏米之數故以藏穗言之與常廩御廩又異

倉儲

[illegible]

圍城減食

墨子備城門篇十五頁：城中無食則為大殺

號令篇十三頁：度食不足之……知寶害有少 今代

雜守篇十六頁：總得閑三十六石……九十日而有矣

家有三年畜……祿葉

市糴

常平

贊曰易稱裒多益寡稱物平施師古曰謙卦象辭裒取也言取於多者以益少者故萬物皆稱而施與平也裒音蒲侯反書云楙遷有無應劭曰楙勉也遷徙也言天下食貨有無相通足也師古曰虞書益稷之辭言勸勉天下遷徙有無使相通也周有泉府之官師古曰司徒之屬官也掌市之征布斂市貨之不售貨之滯於人用者以其價買之而孟子亦非狗彘食人之食不知斂應劭曰養狗彘者使食人之食而不知以法度斂之也師古曰孟子孟軻之書言歲豐熟狗彘食人之食此時可斂之○宋祁曰此時下當添則字野有餓莩而弗知發鄭氏曰莩音蔈有梅之蔈莩零落也人有餓死零落者不知發倉廩貸之師古曰莩音頻小反諸書或作殍字音義不同○宋祁曰而弗知發當刪而字故管氏之輕重服虔曰作輕重貨在管子書李悝之平糴弘羊均輸壽昌常平亦有從徠師古曰言所從來久矣顧古爲之有數吏良而令行師古曰顧思念故民賴其利萬國作乂師古曰乂治也及孝武時國用饒給而民不益賦其次也至于王莽制度失中姦軌弄權官民俱竭亡次矣

漢書食貨志

而孟子亦非狗彘食人之食不知斂○王應麟曰常平乃古法周官司稼以年之上下出斂法出則減價糶斂則增價糴也是非常平乎自鄭氏以出其斂法爲解後人遂攻周禮耳孟子言不知斂今文作檢惟漢志作斂是也今世言常平出耿中丞不知乃古法也

困學紀聞

荒政

大夫餼國人粟

出公粟以貸

使大夫皆貸

貸而不書為大夫之無者貸

右襄廿九鄭子展卒條

荒政

荒政十有二

散利——借種食

薄征——大饑全免一穀二穀不收減庸輕稅

緩刑

弛力

舍禁

去幾——關市幾——去其幾之

眚禮——殺禮——省吉禮

殺哀——省凶禮

蕃樂——藏樂器

多昏

索鬼神——求廢祀而修之

除盜賊——急其刑

荐礼

凶年則乘駑馬祀以下

○孔子曰凶年則乘駑馬祀以下

牲○自貶損亦取易供也駑馬六種最下者下牲少牢若特豕特豚也○駑音奴貶必撿反易供上以豉反下音恭種章勇反

疏孔子至下牲○正義曰此一節明凶荒之年君自貶損也乘駑馬者駑馬六種之最下者也馬有六種一曰種馬天子玉路所乘二曰戎馬兵車所乘三曰齊馬金路所乘四曰道馬象路所乘五曰田馬木路所乘六曰駑馬負重載遠所乘若年歲凶荒則人君自貶故乘駑馬也○祀以下牲者諸侯常祭大牢若凶荒則用少牢大夫士各降一等並用下牲也○注自貶至豚也○正義曰云自貶損者言乘駑馬降牲牢是貶損也云駑馬六種最下者按校人云種馬一物戎馬一物齊馬一物道馬一物田馬一物駑馬一物是六種馬中最下也云下牲少牢若特豕特豚也者天子諸侯及天子大夫常祭用大牢若凶年降用少牢諸侯之卿大夫常祭用少牢降用特豕士常祭用特豕降用特豚如此之屬皆爲下牲也

十三經注疏 禮記四十三 雜記下 十六

荒凶

春秋時諸侯致幣玉

亦藏王家，遺賙諸侯，諸侯亦賙王家

喪荒受其含襚幣玉之事 春秋傳曰口實曰含衣服曰襚凶荒有幣玉者賓客所賙委之禮○襚音遂賙音周 疏 喪荒至之事○釋曰喪謂王喪諸侯諸臣有致含襚幣玉之事荒謂凶年諸侯亦有致幣玉之事上大宰不言則此小宰專受之案禮記少儀云臣致襚於君則曰致廢衣於賈人則諸侯臣皆得致含也○注春秋至之禮○釋曰云春秋傳者公羊文其含襚所用在死之時若既殯之後亦容有致之法故禮記雜記殯後諸侯遣使致含襚賵之禮主人受之雖不及事容致厚意是以春秋左氏秦人來歸僖公成風之襚亦在踰年後春秋不譏也云凶荒有幣玉者賓客所賙委之禮者案小行人云若國凶荒則令賙委之彼謂王家賙委諸侯法此謂諸侯賙委王家法也

(小宰下)

荒政

大荒大札則令邦國移民通財舍禁弛力薄征緩刑大荒大凶年也大札大疫病也移民辟災就賤其有守不可移者則輸之穀春秋定五年夏歸粟於蔡是也○札側八反疏大荒至緩刑○釋曰大荒謂大凶年大札謂大疫病則令邦國者謂令天下諸侯邦國也移民通財者此謂兩事移民謂分口往就賤財是米穀也其有留守不得去者則賤處通穀米與之舍禁者謂山澤之內舊遮禁不聽人入者今皆舍而不禁容民取蔬食也○力者謂弛力役之事薄征者若據大荒則全無征稅今言薄征者容有小荒仍有征稅案司稼注云豐年從正儉有所殺若今十傷二三實除減半者也緩刑者謂有刑罰寬而放之○注大荒至是也○釋曰大荒大凶年也者謂若曲禮云歲凶年穀不登言大者穀梁云五穀不熟謂之大侵與此一也大札大疫病也者爾若左氏傳云天昏札瘥云其有守不可移者則輸之穀者釋經通財也又引春秋定五年夏輸粟於蔡是也者案彼傳定四年楚圍伐蔡五年夏歸粟於蔡彼雖非荒札之事直取歸粟一道證經通財之義

荒政

年不順成君衣布搢本

關梁不租山澤列而不賦土功不興大夫不得造車馬皆爲凶年變也君衣布者謂若衛文公大布之衣大帛之冠是也搢本去珽荼珮士笏也

士以竹爲笏飾本以象關梁不租此周禮也殷則關恒譏而不征列之言遮列也雖不賦猶爲之禁不得非時取也年

造謂作新也。衣於既反注君衣布同搢徐音箭又如字去丘呂反下刷去同珽他頂反荼音舒笏音忽遮支奢反疏不

至車馬。正義曰前經論天子素服素車此論諸侯及大夫遭凶年之禮君衣布者謂身衣布衣也搢本者本謂士笏以

竹爲之以象飾本君遭凶年搢挿士笏故云搢本。關梁不租者關謂關門梁謂津梁租謂課稅以其凶年故不課稅此

周禮殷則雖非凶年亦不課稅也山澤列而不賦者列謂遮列但遮列人不得非時而入恐有損傷於物不賦斂也。土

功不興者謂人食不得滿二鬴之歲若人食二鬴則猶興土功也故均人云豐年旬用三日中年用二日無年用一日廩

人云人食四鬴上三鬴中二鬴下是無年猶有一日之役。注若衛至不征。正義曰按春秋閔二年狄入衛後衛文公

大布之衣大帛之冠爲國之破亂與凶年同故引之云殷則關恒譏而不征者按王制云關譏而不征譏謂呵察但呵察

其非不征稅王制

是殷禮故云殷也

玉藻

農政

字一（補助農政）耕一隊若干林中補人之不足此補之又之隊

國語晉語左國射一作衣傳記鄉村之隊殘咸

周官樹災人之樹亦無從村日耕隊多隊耀近日

國語補云十六引管子作隊湘步兵注左傳作一隊一字云管隊下

卷隊六 十三之陸話

古國字——答問切

是見春此可見有耕補不足有斂助不給

為古代之陳政發展管子並綜述之。

市糴

無遏糴

孟子告子　公羊僖三陽穀之會無貯粟

穀梁僖九葵丘之盟毋訖糴　左襄十

一亳之盟毋薀年　管子大匡毋

貯粟毋擁財　管子

以下言

荒政

臧文仲言荒政

左僖廿一夏大旱公欲焚巫尫臧文仲曰非旱備也脩城郭貶食省用務穡勸分此其務也

告糴

救災恤鄰

左僖十三

又莊廿八年饑臧孫辰告糴于齊禮也

又隱六年京師來告饑公爲之請糴於宋衛齊鄭禮也

生計

成歲儉歲饑歲之政 荒政

周書糴匡第五 大匡第十一

荒

大札大荒大裁素服

大札大荒大裁素服大札疫病也大荒饑饉也大裁水火爲害君臣素服縞冠若晉伯宗哭梁山之崩。縞古老反劉剛操反疏注大札至之崩。釋曰知大札疫病者以春秋傳有夭昏札瘥之文故知札爲疫病也云大荒饑饉也者爾雅穀不熟曰饑蔬不熟曰饉卽曲禮云歲凶年穀不登是也云大裁水火爲害者謂若春秋宋災謂有水災爲害又孔子世家云哀三年孔子云桓僖災又公羊云雉門災之類皆火災也云君臣素服縞冠若晉伯宗哭梁山之崩者事在成五年引之者證服此素服首服縞冠之意若然梁山崩非大札大荒大裁引爲證者欲見山崩與大札大荒服同是以大司樂云凡日月食四鎮五嶽崩令去樂下文云大札大凶大裁令弛縣弛縣與去樂互相明則去樂是同梁山崩又是四鎮五嶽之類則大札大荒素服縞冠與哭梁山崩同可知若然此言素服案玉藻云年不順成則天子素服乘素車食無樂義與此合彼又云年不順成大夫不得造車馬君衣布搢本義與此違者彼衣布謂常服謂禱祈義與此同也

荒

珍圭以徵守以恤凶荒——

珍圭以徵守以

恤凶荒杜子春云珍當爲鎮書亦或爲鎮以徵守者以徵召守國諸侯若今時徵郡守以竹使符也鎮者國之鎮諸侯亦一國之鎮故以鎮圭徵之也凶荒則民有遠志不安其土故以鎮圭鎮安之玄謂珍圭王使之瑞節制大小當與琬琰相依王使人徵諸侯憂凶荒之國則授之執以往致王命焉如今時使者持節矣恤者闓府庫振救之凡瑞節歸又執以反命○守劉守又反注徵守同使之所吏反下今使者亦王使於使者皆同闓音開【疏】注杜子至反命○釋曰子春云鎮者國之鎮者若職方每州皆云其山鎮是國之鎮據山而言玄謂珍圭王使之瑞節謂若掌節云山國土國有人節虎節是諸侯使人之瑞節此珍圭等是王使之瑞節也云制大小當與琬琰相依者案玉人琬圭九寸此珍圭玉人不言故約與琬琰同鄭云如今時使者持節矣者即子春所云竹使符也云恤者闓府庫振救之者凶荒年穀不熟百姓困乏故知開府庫振救之府庫所以藏財貨故禮記大學云未有府庫財非其財者也若然開府庫出賞明亦開倉廩出米粟出給之也云凡瑞節歸又執以反命者此無正文要王使人執瑞節往反須反命於王明此巳致命乃歸還典瑞也

（春官典瑞）

206

荒政

乞糴

○冬晉荐饑麥禾皆不熟○荐在薦反重也饑音飢 疏 晉荐饑○正義曰釋天云穀不熟爲饑仍饑爲荐李巡曰穀不成熟曰饑連歲不熟曰荐 使乞糴于秦秦伯謂子桑與諸乎對曰重施而報君將何求言不損秦○糴直歷反施式豉反下同 重施而不報其民必攜攜而討焉無衆必敗不義故民離 謂百里與諸乎百里秦大夫 對曰天災流行國家代有救災恤鄰道也行道有福不鄭之子豹在秦請伐晉欲爲父報怨 秦伯曰其君是惡其民何罪秦於是乎輸粟于晉自雍及絳相繼雍秦國都絳晉國都○雍於用反絳古巷反 命之曰汎舟之役從渭水運入河汾○汎芳劍反汾扶云反 疏 注從渭水運入河汾○正義曰秦都雍雍臨渭晉都絳絳臨汾渭水從雍而東至弘農華陰縣入河從河逆流而北上至河東汾陰縣乃東入汾逆流東行而通絳故杜云從渭水運入河汾也

僖十三

僖十五是歲晋又饑秦伯又餼之粟曰吾怨其君而矜其民〻〻

荒政

乞糴

僖十

○冬秦饑使乞糴于晉晉人弗與慶鄭曰背施無親慶鄭晉大夫○背音佩後皆同施式豉反注及下而施毛十五年皆同幸災不仁貪愛不祥怒鄰不義四德皆失何以守國虢射曰皮之不存毛將安傅虢射惠公舅也皮以喻所許秦城毛以喻糴言既背秦施爲怨以深雖與之糴猶無皮而施毛○傅音附疏注虢射惠公舅正義曰晉語云秦饑惠公命輸之粟虢射請勿與慶鄭請與之公曰非鄭之所知也遂不與秦使晉至于韓公謂慶鄭曰寇深矣奈何慶鄭曰非鄭之所知也君其訊射也公曰舅所病也是虢射爲惠公之舅也慶鄭曰弃信背鄰患孰恤之無信患作失援必斃是則然矣虢射曰無損於怨而厚於寇不如勿與言與秦粟不足解怨適足使秦強慶鄭曰背施幸災民所弃也近猶讎之況怨敵乎弗聽退曰君其悔是哉

荒政

175

大無麥禾，書於冬者，五穀畢入，計食不足而後書也

告糴，以貨財買穀

○大無麥禾書於冬者五穀畢入計食不足而後書也

莊廿八

疏注書於至書也○正義曰麥熟於夏禾成在秋而書於冬者計食不足而後總書之此年不言水旱而得無麥禾者服虔曰陰陽不和土氣不養故禾麥不成也傳言饑而經不書者得齊之糴救民之急不至於饑也傳言饑者指未糴之前說告糴之意故言饑也臧孫辰告糴于齊文仲○糴徒歷反疏臧孫至于齊○正義曰何休云買穀曰糴告糴者將貨財告齊以買穀魯語云文仲以鬯圭與玉磬如齊告糴曰不腆先君之敝器敢告滯積以紓執事齊人歸其玉而與之糴公羊傳曰何以不稱使以爲臧孫辰之私行也君子之爲國也必有三年之委一年不熟告糴饑也穀梁亦然據經魯臣出使例不言使何以當怪此也傳言告糴禮也必不得如二傳之說服虔云不言如重穀急辭以其情急於糴故不言如齊告糴乞師則情緩於穀故云如楚乞師○注臧孫至文仲○正義曰世本孝公生僖伯彄彄生哀伯達達生伯氏缾缾生文仲辰辰是臧僖伯曾孫

莊廿八

左冬饑，臧孫辰告糴于齊，禮也

水災

凡平原出水爲大水

○秋大水凡平原出水爲大水廣平

凡平原至大水○正義曰洪範云水曰潤下言雨自上而下浸潤於土○陂鄣下地可使水潦停焉平原高地則不

宜有也凡平原出水則爲大水平原出水言水不入於土而出於地上非湧泉出也○注廣平曰原○正義曰釋

[illegible]之

曰原疏

地文也李巡曰謂土地寬博而平正名之曰原

126

荒政

告饑代為請糴于他國

善者信矣芟刈也夷殺也蘊積也崇聚也○去起呂反芟所銜反說文作癹匹末反云以足蹋夷草蘊紆紛反信如字一音申○秋宋人取長葛○冬京師來告饑公爲之請糴於宋衛齊鄭禮也告饑不以王命故傳言京師而不書於經也雖非王命而公共以稱命已國不足旁請鄰國故曰禮也傳見隱之賢○爲于僞反糴直歷反見賢遍反○

疏注告饑至之賢○正義曰王使至魯皆應書經此獨不書故解之以人情恕之不得自不輸粟空告他人故知已國不足旁請鄰國故曰禮也定五年歸粟于蔡尚書於經此不書者魯以往歲螟災故已國饑困所輸不多宋鄭輸粟不復告魯故皆不書此事無經而發故解傳意見隱之賢諸無經之傳皆意有所見悉皆放此

左隱六

自會○陳鍼宜咎出奔楚○鍼其廉反咎其九反○叔孫豹如京師○大饑五穀不升爲大饑升成也一穀不升謂之嗛嗛不足貌嗛去簟反○二穀不升謂之饑三穀不升謂之饉饉音近○四穀不升謂之康康虛五穀不升謂之大侵侵傷疏五穀至大侵○釋曰二穀不升謂之饑今經云大饑故傳云五穀不升也謂之嗛謂之康嗛是不足之貌康是虛荒之名五穀不升謂之大侵又謂之大饑者以經云大饑是傳文順經言之經所云大饑者謂五穀不熟也其實大侵者大饑之異名過而言之正是一物也傳欲分析五種之名故異言之耳徐邈云有死者曰大饑無死者曰大饑何休云有死曰大饑无死曰饑並以意言之與穀梁異也大侵之禮君食不兼味臺榭不塗塗塗飾○榭音謝塗烏路反又同都反弛侯廷道不除弛廢也侯射侯也廢侯不燕射廷內道路不脩除○弛侯式氏反廷道徒佞反朝廷之道也一音庭疏注弛廢至燕射○釋曰凡大射爲祭擇士賓射則接賓而射燕則因歡燕而爲射旣國大饑君不宜燕樂故注舉燕射言之其實尚不祭鬼神亦不應有大射賓射之禮故傳以弛侯揔之或以爲燕射一侯禮最省故舉之以明餘者亦不爲之耳理亦通之○百官布而不制官職脩列不可闕廢不更有造作鬼神禱而不祀周書曰大荒有禱无祀疏注周書至无祀○釋曰周書者先儒以爲仲尼刪尚書之餘今據其書與尚書不類未知是與非也此大侵之禮也

荒政

毋訖糴

穀僖九

水旱

高有以為大水

○秋大水禮月令曰季秋行夏令則其國大水大水例時疏注大水例時○釋曰莊七年與此皆云秋大水不書月是例時也高下有水災曰大水○冬十月無事焉何以書不遺時也春秋編年四時具而後為年編録○編必連反字林聲類韻集皆布千反史記音義補連反

穀梁桓元

荒政

饑 大饑

公襄廿四「大饑」注「有死傷曰大饑無死傷曰饑」

疏「正以謂但直言饑也如大陂而」

荒政

歎類二反○大水先是城平陽取根牟及蘋役重民怨之所生○疏注先是城平陽解云在上八年冬○注取根牟者解云在上九年秋○季孫行父如齊○冬公孫歸父如齊○齊侯使國佐來聘○饑何以書以重書也民食不足百姓不可復興危亡將至故重而書之明當自省減開倉庫賑乏哀公問於有若曰年饑用不足如之何有若對曰盍徹乎曰二吾猶不足如之何其徹也對曰百姓足君孰與不足百姓不足君孰與足○贍當豔反○楚子伐鄭

八宣

告糴

〇臧孫辰告糴于齊告糴者何請糴也買穀曰糴疏告糴者何〇解云欲言買穀不見將物之文欲言非買穀而經書糴者故執不知問何以不稱使據上大無麥禾知以國事行當言如也疏注當言如也〇解云正以如者內稱使文故也以爲臧孫辰之私行也曷爲以臧孫辰之私行據國事也君子之爲國也必有三年之委一年不熟告糴譏也古者三年耕必餘一年之儲九年耕必有三年之積雖遇凶災民不飢乏莊公享國二十八年而無一年之畜危亡切近故諱使若國家不匱大夫自私行糴也〇委於鬼反諸直魚反畜勑六反匱其位反疏注危亡切近故諱〇解云謂危亡之事切於國家理應不遠矣

荒政

鄭宗訓 孔疏詁

禁雩焉 巫尪

旱 暴巫 徙市

天子崩巷市七日

諸侯薨巷市三日

林氏說於喪不成為巫祝之謂蓋婦人

○歲旱穆公召縣子而問然然之言焉也穆或作繆○旱音汗縣音懸繆音穆曰天久不雨吾欲暴尫而奚若奚若何如也尫者面鄉天覬天哀而雨之○雨于付反注及下同暴步卜反下同尫烏光反鄉許亮反覬音冀本又作幾音同曰天則不雨而暴人之疾子虐毋乃不可與尫疾人之所哀暴之是虐○暴人之疾子一讀以予字向下與音餘徧音圖然則吾欲暴巫而奚若曰天則不雨而望之愚婦人於以求之毋乃已疏乎已猶甚也巫主接神亦覬天哀而雨之春秋傳說巫曰在女曰巫在男曰覡周禮女巫旱暵則舞雩○覡胡狄反暵呼旦反雩音于徙市則奚若曰天子崩巷市七日諸侯薨巷市三日爲之徙市不亦可乎徙市者庶人之喪禮今徙市是憂戚於旱若喪○徙市上音死下音是爲于僞反不亦可乎或作善

【疏】歲旱至可乎○正義曰此一節論歲旱變之事○望之愚婦人於以求之毋乃已疏乎○縣子云天道遠人道近天則不雨而望於愚鄙之婦人欲以暴之以求其雨已甚也無乃甚疏遠於求雨道理乎言甚疏遠於道理矣○注春秋至曰覡○正義曰所引春秋傳者外傳楚語昭王問觀射父對云民之精爽不攜貳者而神降之在男曰覡在女曰巫然案楚語精爽不攜貳者始得爲巫此經云愚婦人者據末世之巫非復是精爽不攜貳之巫也○注徙市者庶人之喪禮○正義曰今徙市是憂戚於旱若居天子諸侯之喪必巷市者以庶人憂戚無復求覓財利要有急須之物不得不求故於邑里之內而爲巷市

檀弓下

荒政

大饑乃食于路以待餓者

○齊大饑黔敖爲食於路以待餓者而食之有餓者蒙袂輯屨貿貿然來蒙袂不欲見人也輯斂也斂屨力憊不能屨也貿貿目不明之貌○饑居宜反字林九依反本又作飢同黔其廉反徐渠嚴反而食音嗣下奉食同袂彌世反輯側立反貿徐亡救反又音茅一音牟斂力檢反下同黔敖左奉食右執飲曰嗟來食揚其目而視之曰予唯不食嗟來之食以至於斯也嗟來食雖閔而呼之非敬辭○奉芳勇反從而謝焉終不食而死從猶就也曾子聞之曰微與其嗟也可去其謝也可食微猶無也無與止其狂狷之辭○與音餘注同狷音絹

疏齊大至可食○正義曰此一節論饑者狂狷之事○黔敖既見餓者而來乃左奉其飯右執其飲見其餓者困咨嗟愍之故曰嗟乎來食餓者聞其嗟已無敬已之心於是發怒揚舉其目而視之曰予唯不食嗟來無禮之食以至於斯斯此也以至於此病困怒而遂去黔敖從逐其後辭謝焉餓者終不食而死曾子聞之曰微與者微無也與語助言餓者無得如是與初時無禮之嗟也可怒之而去其終有禮之謝也可反還而食曾子嫌其狂狷故爲此辭狂者進取一槩之善仰法夷齊耿介狷者直申已意不從無禮之爲而餓者有此二性故止之

檀弓下

荒政
世謚文
集例

諸世本公叔文子世文
謚于君
為惠與國饑民
貞惠文乃但云文子

檀弓下

禮記　鄭氏注　孔穎達疏

公叔文子卒（文子衛獻公之孫名拔或作發。拔蒲八反）其子戍請謚於君曰日月有時將葬矣請所以易其名者。（謚者行之迹有時猶言有數也大夫士三月而葬。行下孟反）君曰昔者衛國凶饑夫子爲粥與國之餓者是不亦惠乎。（君靈公也。粥音祝）昔者衛國有難夫子以其死衛寡人不亦貞乎。（難謂魯昭公二十年盜殺衛侯之兄縶也時齊豹作亂公如死鳥。難乃旦反注同）夫子聽衛國之政脩其班制以與四鄰交衛國之社稷不辱不亦文乎。（班制謂尊卑之差）故謂夫子貞惠文子。（謚不言貞惠者文足以兼之）

疏　公叔至文子。正義曰此一節論請君謚臣之謚法各依文解之。注文子至作發。正義曰案世本衛獻公生成子當當生文子拔拔是獻公孫也或作發者以春秋左氏傳作發故云或作發。請所以易其名者生存之日君呼其名今既死將葬故請所以諱行爲之作謚易代其名者。注難謂至死鳥。正義曰案昭二十年左傳云衛公孟縶狎齊豹奪之司寇與鄄公孟惡北宮喜褚師圃欲去之公子朝通于襄夫人宣姜懼而欲以作亂故齊豹北宮喜褚師圃公子朝作亂丙辰衛侯在平壽公孟有事於蓋獲之門外又云齊氏用戈擊公孟宗魯以背蔽之斷肱以中公孟之肩皆殺之公聞亂乘驅自閱門入載寶以出又云公如死鳥注云死鳥衛地。故謂至文子者案謚法愛民好與曰惠外內用情曰貞道德博聞曰文既有道德則能惠能貞故鄭云後不言貞惠者文足以兼之案文次先惠後貞此先云貞者以其致死衛君事重故在前上先言惠者據事先後言之

荒政

歲凶之禮——曲礼「歲凶」——「[illegible]粱」「大[illegible]」

禮食殺牲則祭先虞首夏心殷肝周肺

朔數曰年中數曰歲

馳道

大夫食粱以粱為加

殺牲祭祀

縣樂

歲凶年穀不登登成也君膳不祭肺馬不食穀馳道不除祭事不縣大夫不食粱士飲酒不樂皆自為貶損憂民也禮食殺牲則祭先有虞氏以首夏后氏以心殷人以肝周人以肺不祭肺則不殺也天子食日少牢朔月大牢諸侯食日特牲朔月少牢除治也不治道為妨民取蔬食也縣樂器鍾磬之屬也粱加食也不樂去琴瑟○肺音芳廢縣音玄下同為如字舊音于偽反下為妨音于偽反

疏 歲凶至飲酒不樂○正義曰此下明凶荒人君憂民自貶退禮也○歲凶者謂水旱災害也年穀不登者歲既凶荒而年中穀稼不登登成也然年歲雖通其亦有異鄭注太史職中數曰歲朔數曰年釋者云年是據有氣之初歲是舉年中之稱故云朔數曰年中數曰歲也○君膳不祭肺者膳美食名禮天子食日少牢朔月太牢諸侯食日特牲朔月少牢夫盛食必

十三經注疏 禮記四 曲禮下 二四一

祭周人重肺故食先祭肺歲既凶饑故不祭肺則不殺牲也○馬不食穀者年豐則馬食穀今凶年故不食也○馳道不除者馳道正道如今御路也是君馳走車馬之處故曰馳道也除治也不治謂不除於草萊也所以不除者凶年人各應採蔬食今若使人治路則廢取蔬食故不除也祭事不縣者樂有縣鍾磬因曰縣也凶年雖祭而不作樂也自貶損故先言膳後言祭○大夫不食粱者大夫食黍稷以粱爲加故凶年去之也○士飲酒不樂者士平常飲酒奏樂今凶年猶許飲酒但不奏樂也○君膳不祭肺以下及士飲酒不樂各舉一邊而言其實互而相通但君尊故舉不殺牲及不縣之等大者而言大夫士卑直舉飲酒之小者言耳○注有虞至琴瑟○正義曰此明堂位文引之者證不祭肺天子食日少牢朔月大牢諸侯食日特牲朔月少牢此玉藻文引之者證天子諸侯非凶年常食殺牲之事案周禮膳夫云王日一舉太牢不引膳夫而引玉藻者以膳夫秪有王禮玉藻兼載天子諸侯此經云君膳不祭肺又連言大夫士是其文既廣故引玉藻天子諸侯爲證也玉藻所以異膳夫者膳夫是周之正禮玉藻是衰世之法故鄭志云作記之時或諸侯同天子或天子與諸侯同作記者亂之耳云粱加食也者以其公食大夫禮設正饌之後乃設稻粱以其是加也此歲凶者案襄二十四年冬大饑穀梁傳曰五穀不升爲大饑一穀不升謂之嗛二穀不升謂之饑三穀不升謂之饉四穀不升謂之康五穀不升謂之大侵大侵之禮君食不兼味臺榭不塗弛侯廷道不除百官布而不制鬼神禱而不祀此云歲凶與彼大侵同也此膳而不祭肺則食不兼味也此祭事不縣謂祈禱之祭則與大侵禱而不祀一也白虎通云一穀不升徹鶉鷃二穀不升徹鳧鴈三穀不升徹雉兔四穀不升損囿獸五穀不升不備三牲其不備三牲與此君膳不祭肺同也　君

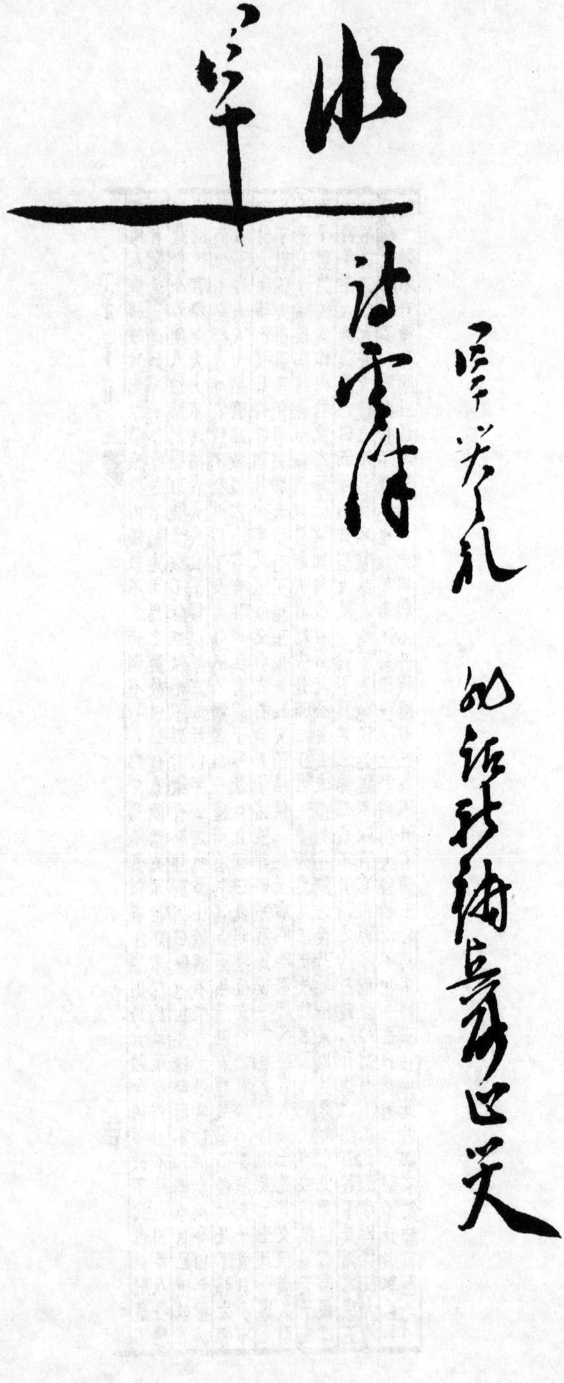

荒政

中谷有蓷，閔周也。夫婦日以衰薄，凶年饑饉，室家相棄爾。蓷，吐雷反。韓詩云：茺蔚也。廣雅又名益母。飢，本或作饑，居疑反。穀不熟。饉，音覲，蔬不熟。

疏 中谷有蓷三章章六句至棄爾。○正義曰：作中谷有蓷詩者，言閔周也。平王之時，民人夫婦之恩日日益以衰薄，雖薄未至棄絕，遭遇凶年饑饉，遂室家相離棄耳。夫婦之重，逢遇凶年，薄而相棄，是其風俗衰敗，故作此詩以閔之。夫婦日以衰薄，三章章首二句是也。凶年饑饉，室家相棄，下四句是也。夫婦衰薄，以凶年相棄，假陸草遇水而傷，以喻夫恩薄厚。蓷之傷於水，始則濕，中則脩，久而乾，猶夫之於婦，初已衰，稍而薄，久而甚，甚乃至於相棄。婦既見棄，先舉其重，然後倒本其初，故章首二句先言乾，次言脩，後言濕，見夫之遇已，用凶年深淺爲薄厚也。下四句言婦既被棄，怨恨以漸而甚，初而嘆，次而歗，後而泣，既嘆而後乃歗，艱難亦輕於不淑，何嗟及矣，是決絕之語，故以爲篇終。雖或逆或順，各有次也。

凶年饑饉室家相棄

荒政

札記手稿

年不順成則天子素服乘素車食無樂
玉有不虞君不舉
年不順成君衣布搢本關梁不租山澤列而不賦土功
不興大夫不得造車馬

荒政

一

饑饉之异名

荒政 凡五穀者民之所仰也君之所以為養也故民無仰則君無養畢云仰養為韻民無食則不可事畢云食事為韻故食不可不務也地不可不力也用不可不節也力畢本作立云立節為韻案畢本譌今据道藏本及明刻本正王云畢說非也古音立在緝部節在質部則立節非韻原本立作力力在職部力節亦非韻五穀盡收則五味盡御於主獨斷云御者進也凡飲食入于口曰御不盡收則不盡御白虎通義諫諍篇云陰陽不調五穀不熟故王者為不盡味而食之畢云主御為韻王云古音主在厚部御在御部則主御非韻一穀不收謂之饉二穀不收謂之旱俞云按旱者不雨也不得為二穀不收之名疑旱乃罕字之誤一穀不收謂之饉二穀不收謂之罕饉也罕也皆稀少之謂饉猶僅也故襄二十四年穀梁傳作一穀不升謂之嗛嗛猶歉也然則二穀不收謂之罕其義正一律矣三穀不收謂之凶四穀不收謂之餽畢云漢書食貨志云負擔餽饟師古曰餽亦饋字言須餽餉邵晉涵云餽與匱通鄭注月令曰匱乏也王云須餽餉不得謂之餽畢說非邵說是也五穀不收謂之饑畢云太平御覽引作飢誤此飢餓字又畢本此下增五穀不熟謂之大侵八字云字舊挩据藝文類聚增穀梁傳云一穀不升謂之嗛二穀不升謂之饑三穀不升謂之饉四穀不升謂之康五穀不升謂之大侵爾雅云穀不孰為饑蔬不孰為饉果不孰為荒與此異王云既言五穀不收謂之饑則不得又言五穀不孰謂之大侵藝文類聚百穀部引墨子五穀不孰謂之大侵者乃涉上文引穀梁傳五穀不升謂之大侵而衍故太平御覽時序部二十百穀部一引墨子

墨子閒詁 卷一 九

埽葉山房石印

皆無此八字墨子所記本與穀梁傳不同不可强合也下文饑則盡無祿畢依類聚于饑下增大侵二字亦御覽所無案王説是也釋慧苑華嚴經音義二引饑亦作飢下無五穀不孰八字

歲饉則仕者大夫以下皆損祿五分之一旱則損五分之二凶則損五分之三餽則損五分之四饑畢据藝文類聚增大侵二字誤今不從**則盡無祿稟食而已矣**稟食謂有稍食而無祿也説文亩部云稟賜穀也周禮司士鄭注云食稍食也又宮正注云稍食祿稟**故凶饑存乎國人君徹鼎食五分之五**曲禮鄭注云徹去也五分之五義不可通疑當作五分之三玉藻云諸侯日食特牲朔月少牢此五鼎則少牢也以禮經攷之蓋羊一豕二倫膚三魚四腊五五者各一鼎徹其三者去其牢肉則唯食魚腊不特殺也白虎通義諫諍篇云禮曰一穀不升徹鶉鷃二穀不升徹鳧鴈三穀不升徹雉兔四穀不升損囿獸五穀不升不備三牲白虎通蓋据天子而言故云三牲大荒不特殺則不止不備而已**大夫徹縣**周禮小胥云卿大夫判縣鄭注謂左右縣曲禮云大夫無故不徹縣孔疏云徹亦去也**士不入學**周書羅匡篇云成年餘子務藝年儉餘子務穡是不入學也**君朝之衣不革制**君朝之衣天子皮弁服諸侯則冠弁服也周禮司服云眡朝則皮弁服鄭注云視朝視內外朝之事皮弁之服十五升白布衣積素以為裳又凡甸冠弁服注云冠弁委貌其服緇布衣亦積素以為裳諸侯以為視朝之服是也周書大匡篇云大荒祭服漱不制朝服輕于祭服不制明矣蘇云革攻也**諸侯之客四鄰之使雍食而不盛**畢云雍食疑一饔字説文云饔孰食也王云雍食當為饔飧周官外饔凡賓客之飧饔饗食之事鄭注曰飧客始至之禮饔既將幣之禮飧饔即饔飧也雍饔古字通案王説是也羅匡篇云年儉賓祭以中盛年饑則勤而不賓大荒賓旅設位有賜與此略同**徹驂馬**畢云高誘注呂氏春秋云在中曰服在邊曰騑**塗不芸**穀梁襄二十四年傳云大侵之禮廷道不除范甯注云廷內道路不修除也畢云塗俗寫从土本書非攻中云涂道之脩遠只作涂芸耘省文

馬不食粟婢妾不衣帛此告不足之至也（墨子七患）

荒政

傳二十一年春宋人爲鹿上之盟以求諸侯於楚楚人許之公子目夷曰小國爭盟禍也宋其亡乎幸而後敗敗謂軍敗○夏大旱公欲焚巫尪巫尪女巫也主祈禱請雨者或以爲尪非巫也瘠病之人其面上向俗謂天哀其病恐雨入其鼻故爲之旱是以公欲焚之○尪烏黃反禱丁老反或丁報反瘠在亦反向本亦作嚮許亮反故爲于僞反

疏 注巫尪至焚之○正義曰周禮女巫職云旱暵則舞雩此以爲旱欲焚之故知巫尪女巫也并以巫尪爲女巫則尪是劣弱之稱當以女巫尪弱故稱尪也或以爲尪非巫也巫是禱神之人尪是瘠病之人二者非一物也尪是病人天恐雨入其鼻俗有此說不出傳記義或當然故兩解之也檀弓云歲旱穆公召縣子而問焉曰天久不雨吾欲暴尪而奚若曰天則不雨而暴人之疾子虐無乃不可與鄭玄云尪者面鄉天覬天哀而雨之又曰然則吾欲暴巫而奚若鄭玄云巫主接神亦覬天哀而雨之彼欲暴人疾而求雨故鄭玄以爲覬天哀而下雨此欲燒殺以求雨故杜以爲天哀之而不雨意異故解異也禮記既言暴尪又別言暴巫巫尪非一物記言暴人之疾則尪是病人或說是也

臧文仲曰非旱備也脩城郭貶食省用務穡勸分穡儉也勸分有無相濟○貶彼檢反省所景反

疏 注穡儉也○正義曰穡是愛惜之義故爲儉也襄二十四年穀梁傳曰五穀不升謂之大侵大侵之禮君食不兼味臺榭不塗弛侯廷道不除百官布而不制鬼神禱而不祀曲禮云歲凶年穀不登君膳不祭肺馬不食穀如此之類皆是務爲儉也務爲儉穡而脩城郭者服虔云國家凶荒則無道之國乘而加兵故脩城郭爲守備也

此其務也巫尪何爲天欲殺之則如勿生若能爲旱焚之滋甚公從之是歲也饑而不害不傷害民

十三經注疏 春秋左傳十四 僖公二十一年 二十三

焚巫尪

旱備

傳廿一

燕後

周官上下每無誤也

文十六周虞以立振虞曰食信

荒政

之十六

「宋饑竭其粟而貸之」

救荒

左襄十一秋七月同盟于亳〔毋蘊年〕……載書曰凡我同盟毋蘊年

年注蘊積年穀而不分災

荒

之亦以日久故能磨鋭至於欲絶也此又見高子之蔽不獨於詩也所謂太山之溜久而穿石單極之綆久而斷幹其來非一日也兩馬即如注所謂春秋外傳云國馬公馬是也齊饑陳臻曰國人皆以夫子將復爲發棠殆不可復棠齊邑也孟子嘗勸齊王發棠邑之倉以振貧窮時人賴之今齊人復饑陳臻言一國之人皆以爲夫子將復若發棠時勸王也殆不可復言之也孟子曰是爲馮婦也晉人有馮婦者善搏虎卒爲善士則之野有衆逐虎虎負嵎莫之敢攖望見馮婦趨而迎之馮婦攘臂下車衆皆悅之其爲士者笑之馮姓婦名也勇而有力能搏虎卒後也善士者以善搏虎有勇名也故進以爲士之於野外復見逐虎者攖迫也虎依陬而怒無敢迫近者也馮婦恥不如前見虎走而迎攘臂下車欲復搏之衆人悅其勇猛其士之黨笑其不知止也故孟子謂陳臻今欲復使我如發棠時言之於君是則我爲馮婦也必爲知者所笑也疏齊饑至笑之正義曰

荒政

飽七十非帛不煖八十非人不煖九十雖得人不煖是古者五十乃衣帛矣○注言人君至救之也○正義曰餓死者曰莩詩曰莩有梅莩零落也者案毛詩而言也毛詩云莩落也箋云梅實尚餘而未落是其解也梁惠王曰寡人願安承教願安意承受孟子之教令孟子對曰殺人以梃與刃有以異乎梃杖也曰無以異也王曰梃刃殺人無以異也以刃與政有以異乎孟子欲以政喻王曰無以異也王復曰梃刃殺人與政殺人無異也曰庖有肥肉廄有肥馬民有飢色野有餓莩此率獸而食人也孟子言人君如此率獸而食人也獸相食且人惡之爲民父母行政不免於率獸而食人惡在其爲民父母也虎狼食禽獸人猶尚惡視之牧民爲政乃率禽獸食人安在其爲民父母之道也

十三經注疏　孟子一上　梁惠王上　三

梁惠王

狗彘

食人食而不知檢塗有餓莩而不知發

言人君但養犬彘使食人食不知以法度檢斂也塗道也餓死者曰莩

詩曰莩有梅莩零落也道路之旁有餓死者不知發倉廩以用賑救之

也人死則曰非我也歲也是何異於刺人而殺之曰非我也兵也

人死謂餓疫死者也王政使然而曰

非我殺之歲殺之也此何以異於用

兵殺人而曰非我

也兵自殺之也

王無罪歲斯天下之民至焉

戒王無歸罪於歲責己而改

行則天下之民皆可致也○

疏

梁惠王曰至民至焉○正義曰

此章言王化之本在於使民養

梁惠王

荒 户口

梁惠王曰寡人之於國也盡心焉耳矣王侯自稱孤寡言寡人於治國之政盡心欲利百姓焉耳者懇至之辭河内凶則移其民於河東移其粟於河内河東凶亦然言凶年以此救民也魏舊在河東後爲强國兼得河内也察鄰國之政無如寡人之用心者言鄰國之君用心憂民無如已也鄰國之民不加少寡人之民不加多何也王自怪爲政有此惠而民人不增多於鄰國者何也孟子對曰王好戰請以戰喻因王好戰故以戰事喻解王意填然鼓之兵刃既接棄甲曳兵而走或百步而後止或五十步而後止以五十步笑百步則何如填鼓音也兵以鼓進以金退孟子問王曰今有戰者兵刃已交其負者棄甲曳兵而走五十步而止足以笑百步者否曰不可直不百步耳是亦走也王曰不足以相笑也是人俱走直爭不百步耳曰王如知此則無望民之多於鄰國也孟子曰王如知此不足以相笑王之政猶此也王雖有移民轉粟之善政其好戰殘民與鄰國同而獨望民之多何異於五十步笑百步

十三經注疏 孟子一上 梁惠王上 二

梁惠王

荒政（附釋）

○穀不熟爲饑五穀不成蔬不熟爲饉凡草菜可食者通名爲蔬

果不熟爲荒果木子仍饑爲荐連歲不熟左傳曰今又荐饑○荐[illegible]災【疏】穀不至爲荐○釋曰此釋歲凶災荒之名也穀謂五穀黍稷麻麥豆也熟成也五穀不成曰饑郭云凡草菜可食者通名蔬李巡曰可食之菜皆不熟爲饉周禮天官大宰職云以九職任萬民八曰臣妾聚斂疏材鄭玄云疏材百草根實可食者○小雅云降喪饑饉襄二十四年穀梁傳曰一穀不升謂之嗛二穀不升謂之饑三穀不升謂之饉四穀不升謂之康五穀不升謂之大饑又謂之大侵彼以五穀熟之多少立差等之名其實五者皆是饑也三穀不升於民乏困蓋與蔬不熟同故俱名爲饉也果木子也不成熟之歲名荒仍因也相因而饑謂連歲不熟也僖十三年晉荐饑是也云災者亦題上事也下皆倣此○注左傳曰今又荐饑○釋曰此晉語文也左丘明既作傳以解春秋又采簡牘以作國語其文不主於經故謂之外傳俱是丘明所作外傳云左傳曰彙彼云晉饑乞糴於秦丕豹曰晉君無禮於君莫不知往年有難今又荐饑已失人又失天其殃也多矣君其伐之勿與糴是其事也

爾雅 釋天

荒

凶禮

喪 死亡

荒 凶札

弔禮哀禍災

禬 圍敗

恤 寇亂

天子諸侯絕旁期——姑姊之嫁於公以尊同故亦得服

大功以上居同財——又年幼令得 天子諸侯絕旁服令修

居之

凶年之禮

於外如蓄藏 旅而為究 之義

以凶禮哀邦國之憂 哀謂救患分裁凶禮之別有五

疏以凶至之憂。釋曰此凶禮之目也邦國者亦如吉禮舉外以包內之義凡言哀者皆謂被凶災從後以物哀之也。注哀謂至有五。釋曰云哀謂救患分裁者此據左氏僖元年夏六月邢遷于夷儀諸侯城之救患也凡侯伯救患分裁討罪禮也引之者證哀者從後往哀之義言救患分災討罪者救患即邢有不安之患諸侯城之是救患也分災謂若宋災諸侯會於澶淵謀歸宋財是分災也討罪謂諸侯無故相伐是罪人也霸者會諸侯共討之是討罪也三者皆是相哀之法故并代引之

以喪禮哀死亡 哀謂親者服焉疏者含襚。含戶暗反本亦作唅襚音遂

疏注哀謂至含襚。釋曰諸經云亡者多是逃亡此經鄭不解亡則亡與喪爲一以其逃亡無可哀故也云哀謂親者服焉者據上文云哀邦國之憂則此亦據諸侯邦國之內而言但天子諸侯絕傍期巳下無服若始封之君不臣諸父昆弟亦有服今鄭云親者服焉疏者含襚者鄭廣解哀義不專據天子諸侯之身也案士喪禮親者不將命注云大功已上有同財之義無歸含法鄭云親者服焉據大功親以上直有服無含法若小功以下有含并有服也若然此據大夫已下而說天子諸侯雖無服其含襚則有之故春秋王使榮叔歸含且賵士喪禮君使人襚明天子諸侯於臣子皆有含襚也

以荒禮哀凶札 荒人物有害也曲禮曰歲凶年穀不登君膳不祭肺馬不食穀馳道不除祭事不縣大夫不食粱士飲酒不樂札讀爲截截謂疫厲。札如字又音截縣音玄

疏注荒人至疫厲。釋曰云荒人物有害者總云荒以爲目下云凶札則荒中有凶是物有害荒中兼有札是人有害案司服云大札大荒則素服注云札疫病荒飢饉者彼不以荒爲目以荒替凶處故彼注荒爲飢饉不爲物有害也曲禮曰以下案彼注不祭肺則不殺也馳道不除爲妨民取蔬食也皆自貶損若然君言不祭肺馬不食穀祭事不縣則大夫士亦然大夫言不食粱粱加穀士飲酒不樂則人君曰食黍稷稻粱亦貶於飲酒亦不樂君臣互見爲義也云札讀爲截截謂疫厲者鄭讀從截絕之義故也春秋有天昏札瘥是厲鬼爲疫病之事故云謂疫厲也

以弔禮哀禍烖 禍烖謂遭水火宋大水魯莊公使人弔焉曰天作淫雨害於粢盛如何不弔廐焚孔子拜鄉人爲火來者拜之士一大夫再亦相弔之道。爲火于僞反下苟僞爲同

疏注禍烖至之道。釋曰禍烖謂遭水火鄭知義然者以上下文驗之此禍災當水火二事爲證也案莊十一年秋宋大水魯人使弔之傳例雨三日巳上爲淫廐焚孔子拜鄉人爲火來者事見禮記雜記云亦相弔之道者謂亦如魯莊公弔宋事也

以禬禮哀圍敗 同盟者合會財貨以更其所喪春秋襄三十年冬會于澶淵宋烖故是其類。禬劊戶外反徐古外反更音庚下同喪息浪反澶善然反

疏注同盟至其類。釋曰此經本不定若馬融以爲國敗正本多爲圍敗謂其國見圍入而國被禬財喪失財物則同盟之國會合財貨歸之以更其所喪也必知禬是會合財貨非會諸侯之兵救之者若會合兵當在軍禮之中故知此禬是會合財貨以濟之也故大行人云致禬以補諸侯之烖小行人亦云若國師役則命犒禬之是其有財貨相補之驗故引左氏澶淵之會爲證也案左氏傳爲宋烖諸侯之大夫謀歸宋財是以冬十月叔孫豹會晉趙武齊公孫蠆宋向戌衛北宮佗鄭罕虎及小邾之大夫會于澶淵既而無歸于宋故不書其人君子曰信其不可不慎澶淵之會卿不書不信也又云書曰某人某人尤之也若然既而無歸宋財引者此取本謀歸宋財一邊義無嫌也

以恤禮哀寇亂 恤憂也鄰國相憂兵作於外爲寇作於內爲亂

疏注恤憂至爲亂。釋曰云鄰國相憂者亦上云哀邦國之憂據諸侯爲說故鄭以鄰國解之云兵作於外爲寇作於內爲亂者案文公六年魯惠伯云兵作於內爲亂於外爲寇又成公十七年長魚矯曰臣聞亂在外爲姦在內爲軌御姦以德御軌以刑據此文既言寇亂當據惠伯之言爲義也而云哀之者既不損財物當遣使往諸問安不而已

荒政

凡歲時有天患民病則以節巡國中及郊野而以王命施惠天患謂裁害也節旌節也施惠賙恤之

疏 注天患至恤之○釋曰天患謂裁害也者謂天與人物爲裁害謂水旱之裁及疫病之害也知節是旌節者道路用旌節此經巡國及郊野是道路之事故知旌節也

地官

天患民病司救巡而以王命施惠

救荒

在國天有菑癘癘疾疫也親巡其孤寡而共其乏困○菑音災癘本亦作天無菑癘非疫音役疏在國天有菑癘○正義曰在國與在軍相對天有菑癘與下句相連言有菑癘之時親自巡孤寡共其乏困也本或无作無誤耳

哀元

凶荒

以荒政十有二聚萬民一曰散利二曰薄征三曰緩刑四曰弛力五曰
舍禁六曰去幾七曰眚禮八曰殺哀九曰蕃樂十曰多昏十有一曰索鬼神十有二曰除
盜賊 荒凶年也鄭司農云救飢之政十有二品散利貸種食也薄征輕租稅也弛力息繇役也去幾關市不幾也眚禮
掌客職所謂凶荒殺禮者也多昏不備禮而娶昏者多也索鬼神求廢祀而修之雲漢之詩所謂靡神不舉靡愛
斯牲者也除盜賊急其刑以除之飢饉則盜賊多不可不除也杜子春讀蕃樂爲藩樂謂閉藏樂器而不作玄謂去幾去
其稅耳舍禁若公無禁利眚禮謂殺吉禮也殺哀謂省凶禮○弛式氏反舍音捨殺所界反徐所例反注同蕃方袁反
疏 以荒至盜賊○釋曰言以荒政十有二者上經見分地職則有年穀不熟之時恐民離散故以救荒之政十有二條
以聚萬民使不離散一曰散利者謂豐時聚之荒時散之積而能散使民利益故云一曰散利二曰薄征者薄輕也
征稅也謂輕其稅三曰緩刑者謂凶年犯刑緩縱之四曰弛力者弛放其力役之事五曰舍禁者山澤所遮禁者舍去其
禁使民取蔬食六曰去幾者幾謂呵禁謂關市去稅而幾之七曰眚禮者謂吉禮之中眚其禮數八曰殺哀者謂凶禮之
中殺其禮數九曰蕃樂者蕃謂閉藏樂器而不作十曰多昏者謂凶荒殺禮昏者多十有一曰索鬼神者謂凶年禱祈搜
索鬼神而禱祈之十有二曰除盜賊者凶年盜賊多急其刑以除之○注荒凶至凶禮○釋曰下曲禮云歲凶年穀不登
即此一荒也故云荒凶年也鄭司農云救飢之政十有二品者年穀不熟而民飢故設政教以救之故云救飢之政云或有
二品十二品即十二條各有品列而不同云散利貸種食也者謂豐時斂之凶時散之其民無者從公貸之或爲種子或
爲食用至秋熟還公據公家爲散據民往取爲貸故云散利貸種食云薄征輕租稅也者案司稼云巡野觀稼出斂法注
云豐年從正儉有所殺若今十傷二三實除減半是輕租稅也云弛力息繇役也者案均人云豐年則公均用三日中年
則公均用二日無年則公均用一日此云弛力謂人食不能二鬴之歲則移民就穀無力役之事故均人又云凶札則無
力政財賦是也云去幾關市不幾者此後鄭不從以其雖凶年猶幾呵但去稅而已云眚禮掌客職所謂凶荒殺禮者也
則後鄭不從者掌客所云凶荒殺禮其總目語無所指斥故鄭以爲眚吉禮云多昏不備禮而娶昏者多也者昏禮有六
并有玄纁束帛凶荒爲昏不可備行此禮使有女之家得減口數有男之家易得其妻故娶昏者多也云索鬼神求廢祀
而修之者年有凶災鬼神不佑經云索鬼神謂搜索鬼神而祭之是求廢祀而修之求廢祀而修之即雲漢之詩靡神不舉
是也連引靡愛斯牲者見索鬼神是祈禱之事須牲體以薦之案左氏莊二十五年傳云天災有幣無牲此詩云靡愛斯
牲者若天災之時祈禱無牲災成之後即有牲體故云靡愛斯牲云除盜賊急其刑以除之饑饉則盜賊多不可不除也
者上文既言緩刑其餘盜賊用急刑乃上下文爲妨故鄭云饑饉則盜賊多不可不除故須急其刑以除之杜子春云讀
蕃樂爲藩樂謂閉藏樂器而不作者經云蕃者是蕃育之字故讀從藩是藩閉之字案大司樂云大凶大烖令弛縣注云
弛釋下之若令休兵鼓之爲彼又云日月食四鎮五嶽崩諸侯薨令去樂注云去樂藏之引春秋傳曰壬午猶繹萬入去
籥萬言入則去者不入藏之可知彼之二文云令弛縣據路寢常縣之樂釋下之去樂據廟中祭時暫縣之樂去而藏之
此云藩樂謂閉藏樂器據廟中祭祀藏去樂器而不作若然祭祀不作明路寢常縣亦釋下之互見其義玄謂去幾去其

稅耳者破先鄭之義全不幾後鄭必直去其稅猶幾之者案司關云國凶札則無門關之征猶幾明知司農之義非云舍禁若公無禁利者案左傳襄公九年冬公會晉侯伐鄭同盟于戲晉侯歸謀所以息民魏絳請施舍輸積聚以貸自公以下苟有積者盡出之國無滯積亦無困人公無禁利杜注云與民共是也云眚禮謂殺吉禮也云殺哀謂省凶禮者此破司農之義司農引掌客職凶荒殺禮證眚禮後鄭之意凶荒殺禮是摠目之言不專於吉禮鄭知眚禮專是吉禮者以其下有殺哀與眚禮相對故知眚禮專是吉禮也案襄公二十四年冬大饑穀梁傳云五穀不升爲大饑一穀不升謂之嗛二穀不升謂之饑三穀不升謂之饉四穀不升謂之康五穀不升謂之大侵大侵即大饑一也文案廩人云人食四鬴上也三鬴中也二鬴下也若食不能人二鬴則令移民就穀不能人二鬴之歲即是大饑年也此云荒政者亦據大凶年爲義案均人云凶札無力政財賦此既據大饑猶云薄征者此經雖主大饑兼記一穀二穀不熟之歲故有輕稅也此鄭云荒凶年則荒與凶一也案大司樂大札大荒大凶荒凶則亂其實凶荒是一故宗伯云以荒禮哀凶札是凶荒不異司農凶荒別文者以凶爲凶年以荒爲荒亂兼見斯義故凶荒別文也

荒政

庖廚凡有血氣之類弗身踐也踐當爲翦聲之誤也翦猶殺也○遠于萬反踐音翦子淺反出注○至于八月不雨君不舉爲旱變也此謂建子之月不雨至建未月也春秋之義周之春夏無雨未能成災至其秋秀實之時而無雨則雩雩而得之則書雩喜祀有益也雩而不得則書旱明災成也○爲于僞反下皆爲猶爲明爲爲失皆同夏戶嫁反 疏 君無至不舉○正義曰自此以下終篇末或論天子或論諸侯或論大夫士所爲尊卑之異隨文爲義無復揔科今各隨文解之○注故謂祭祀之屬○正義曰此君非一據作記之時言之此君得兼天子以天子日食少牢若據周禮正法言之此君唯據諸侯以天子日食大牢無故得殺牛也大略此文謂諸侯也○大夫無故不殺羊者亦諸侯大夫也若天子大夫有故得殺牛故知此據諸侯大夫言祭祀之屬者若待賓客饗食亦在其中故云祭祀之屬○注踐當爲翦○正義曰此謂尋常若祭祀之事則身自爲之故楚語云禘郊之事天子自射其牲又刲羊擊豕是也○注爲旱至成也○正義曰此謂建子之月至建未月也者按文公十年自正月不雨至于秋七月傳云不曰旱不爲災者據周正言之既言秋七月不雨云不爲災明八月不雨則爲災此據文十年自正月不雨故云謂建子之月也按僖公三年傳云自十月不雨至于五月不曰旱不爲災文十三年自正月不雨至於秋七月此經直云至于八月不雨不云初不雨之月鄭必知自建子之月者以周之歲首陽氣生養之初又文十年有自正月不雨之文故據而爲說云雩而得之則書雩喜祀有益也雩而不得則書旱明災成也者按僖十一年穀梁傳云得雨曰雩不得雨曰旱范甯云喜其有益也則春秋經諸書雩皆是得雨不得雨曰旱者僖二十一年

夏大旱宣七年秋大旱是也然傳云至秋七月不雨不爲災僖二十一年夏大旱則是周之夏也建卯建辰建巳之月而書大旱者至秋仍不雨而追書于夏故云夏大旱

生计

卷二

年舒果

布羅

國策（六）張

糴

吳越春秋越王陰謀外傳越乃使大夫種使吳因宰嚭求見吳王辭曰越國洿下水旱不調年穀不登人民饑乏（道）薦饑願從大王請糴來歲即復太倉惟大王救其窮……吳王乃與越粟萬石而令之曰寡人逆群臣之議而輸於越年豐而歸寡人大夫種歸以告越使越歲得除還吳貸……二年越王粟稔揀擇精粟而蒸還于吳

食
本經

農政

十三經注疏

周禮九　地官司徒

五

司稼下士八人史四人徒四十人種穀曰稼如嫁女以有所生疏注種穀至所生。○釋曰云種穀曰稼者對收斂曰穡也在此者其職云巡野觀稼出斂法亦是徵斂地事在此

司稼掌巡邦野之稼而辨穜稑之種周知其名與其所宜地以為法而縣于邑閭周猶徧也徧知種所宜之地縣以示民後年種穀用為法也。○種章勇反注知種同徧音遍下同疏司稼至邑閭。○釋曰云巡邦野之稼者謂秋熟之時觀之矣若然春稼秋穡不云穡而云稼者穡由稼而有故本之言稼也

巡野觀稼以年之上下出斂法斂法者豐年從正凶荒則損若今十傷二三實除減半。○斂力驗反注同疏巡野至斂法。○釋曰此觀稼亦謂秋熟時觀稼善惡則知年上下豐凶以此豐凶而出稅斂之法。○注斂法至減半。○釋曰鄭云豐年從正者年雖豐與中平一皆從正法十一而稅之也云凶荒則損者凶荒謂年穀不熟則減於十一而稅之云若今十傷二三實除減半者鄭舉漢法以況義十傷二三者謂漢時十分之內傷二分三分餘有七分八分在實除減半者謂就七分八分中為實在仍減去半不稅於半內稅之以凶荒所優饒民也

掌均萬民之食而賙其急而平其興均謂度其多少賙稟其艱阨興所徵賦疏釋曰詩云缾之罄矣維罍之恥詩刺王不能富分貧以是司稼既知民之禾稼多少則使之均萬民之食減取多者以賙給其急困者云平其興者興謂徵賦當各計十一而稅不得特多特少是平其興也

（地官）

司稼：巡邦野之稼，辨其種，周知其名與其所宜，以為法，懸于邑閭。以年之上下出斂法。掌均萬民之食，賙其急，平其興。種穀曰稼，如嫁女以有所生。

何

商史乘

展收

同此六年自古人

想來之極大事何以於天下之事謂之

與因為學有說方精神佼文

治穢毫稀凡罪是最號順民

書錄

各學讀錄

國語之一二三

帝嚳

三代世表本紀遺異

本紀二高辛節皆　世表生帝皆　世表契棄皆子本紀無文

周之先史記少碩方儀侯雲都　屬本紀六十二世

古史甄微二之二頁

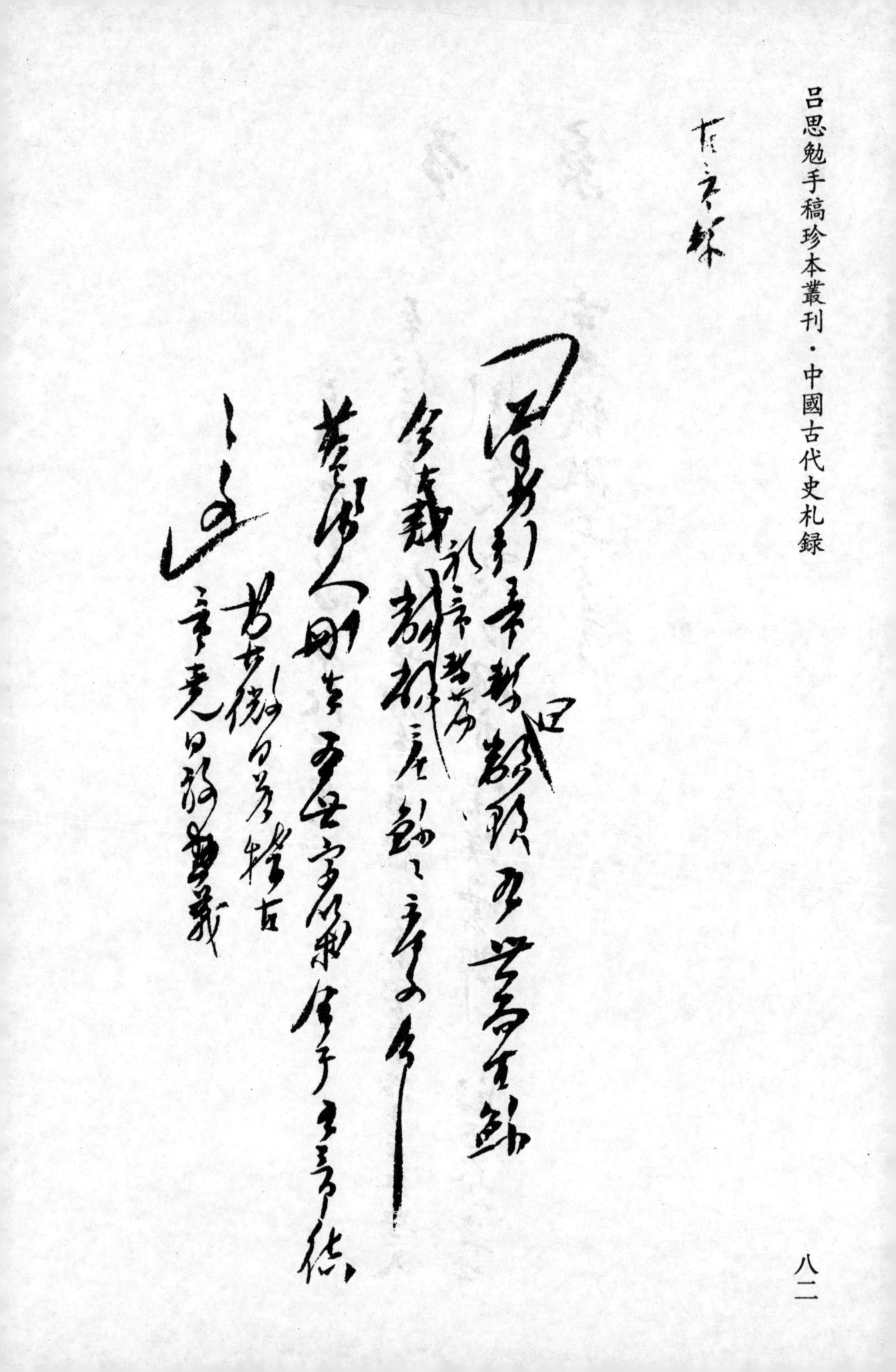

[illegible]文錄

周[illegible]
[illegible]
[illegible]人[illegible]
[illegible]
[illegible]
[illegible]

紀年

世表

太史公曰五帝三代之記尚矣【索隱】按此表依帝繫及系本其所敘五帝三代而篇唯名三代系表者以三代系長遠宜以名篇且三代皆出自五帝故敘三代要從五帝而起也劉氏云尚謂久古也然尚之文出大戴禮彼云黃帝尚矣自殷以前諸侯不可得而譜【正義】譜布也列其事也周以來乃頗可著孔子因史文次春秋紀元年正時日月蓋其詳哉至於序尚書則略無年月或頗有然多闕不可錄故疑則傳疑蓋其慎也余讀諜記【索隱】諜音牒牒者記系謚之書也下云稽其歷譜諜謂歷代之譜諜也黃帝以來皆有年數稽其歷譜諜終始五德之傳【索隱】音逐緣反謂帝王更王以金木水火土之五德傳次相承終而復始故云終始五德之傳也古文咸不同乖異夫子之弗論次其年月豈虛哉於是以五帝繫諜尚書集世紀黃帝以來訖共和為世表【索隱】按大戴禮有五帝德及帝繫篇蓋太史公取此二篇之諜及尚書集而紀黃帝以來為系表也厲王奔彘周召二公共相王室故曰共和皇甫謐云共伯和干王位則以共國伯爵和其名也干王位言篡也與史遷之說不同蓋異說耳

帝王世國號	黃帝號有熊	帝顓頊黃帝孫起黃帝至顓頊三世
顓頊屬	黃帝生昌意	昌意生顓頊為高陽氏
俈屬	黃帝生玄囂	玄囂生蟜極
堯屬	黃帝生玄囂	玄囂生蟜極
舜屬	黃帝生昌意	昌意生顓頊顓頊生窮蟬【索隱】系本作窮係[illegible]
夏屬	黃帝生昌意	昌意生顓頊
殷屬	黃帝生玄囂	玄囂生蟜極蟜極生高辛
周屬	黃帝生玄囂	玄囂生蟜極蟜極生高辛

乾隆四年校刊　史記卷十三　二

史記三代世表

帝佶 黃帝曾孫起黃帝至帝佶四世號高辛	帝堯 起黃帝至佶子五世號唐堯	帝舜 黃帝玄孫之玄孫號虞	帝禹 黃帝耳孫號夏	帝啓 伐有扈作甘誓
蟜極生高辛高辛生帝佶 【索隱】黃帝玄孫				
蟜極生高辛高辛生放勛	放勛為堯			
窮蟬生敬康敬康生句望	句望生蟜牛蟜牛生瞽叟	瞽叟生重華是為帝舜		
		顓頊生鯀鯀生文命 【索隱】顓頊五代而生鯀此及帝系皆云[illegible]是[illegible]闕其代系也	文命是為禹	
高辛生卨	卨為殷祖	卨生昭明	昭明生相土	相土生昌若
高辛生后稷為周祖	后稷生不窋	不窋生鞠	鞠生公劉	公劉生慶節

帝太康	帝仲康 太康弟	帝相	帝少康	帝予 【索隱】音呂 亦作宁 【正義】相為過澆所滅后緡歸有仍生少康其子予復禹績	帝槐 【索隱】音回 一音懷 世本作芬	帝芒 【索隱】音亡 一作荒	帝泄 【索隱】音薛
昌若生曹圉曹圉生冥	冥生振	振生微微生報丁	報丁生報乙報乙生報丙	報丙生主壬主壬生主癸	主癸生天乙是為殷湯 【索隱】從湯至紂帝十七世		
慶節生皇僕皇僕生差弗	差弗生毀渝毀渝生公非	公非生高圉高圉生亞圉	亞圉生公祖類	公祖類生太王亶父	亶父生季歷季歷生文王昌益易卦	文王昌生武王發	

得河陽夏官職方氏云河內曰冀州知河北之地南冀南境也。始武王作邑於鎬京謂之宗周是爲西都。正義曰文王有聲云宅是鎬京武王成之是武王作邑於鎬京也正月云赫赫宗周謂鎬京也後平王居洛邑亦謂洛邑爲宗周祭統云卽宮于宗周謂洛邑也以洛邑爲東都故謂鎬京爲西都。周公攝政五年成王在豐欲宅洛邑使召公先相宅既成謂之王城是爲東都今河南是也。正義曰洛誥云周公曰予惟乙卯朝至于洛師我乃卜澗水東瀍水西惟洛食我又卜瀍水東亦惟洛食注云我以乙卯日至於洛邑之衆觀召公所卜之處皆可長久居民使服田相食瀍水東既成名曰成周今洛陽縣是也召公所卜處名曰王城今河南縣是也則成周洛邑同年營矣書傳云周公攝政五年營成周則知此二邑皆五年營之也成王在豐欲宅洛邑使召公先相宅書序文彼注云欲擇土中建王國使召公在前視所居者王與周公將自後往也武王已都鎬京成王尚云在豐者豐有文王廟將行就告之故召誥云王朝步自周則至于豐注云於此從鎬京行至於豐就告文王廟是也此王城於漢時爲河南縣也。召公既相宅周公往營成周今洛陽是也。正義曰召公既相宅周公往營成周亦書序文也地理志河南郡有洛陽縣周公遷殷頑民是爲成周是也。成王居洛邑遷殷頑民於成周復還歸處西都。正義曰洛誥云戊辰王在新邑烝是成王居洛邑也書序云成周既成遷殷頑民注云此皆士也周謂之頑民民無知之稱是殷頑民於成周也周本紀云太史公曰學者皆稱周伐紂居洛邑其實不然武王營之成王使召公卜居之遷九鼎焉而周復都豐鎬是成王復還歸西都至於夷厲政教尤衰十一世幽王嬖褒姒生伯服廢申后太子宜咎奔申。正義曰周本紀云懿王立王室遂衰郊特牲曰覲禮不下堂而見諸侯下堂而見諸侯自夷王始昭二十六年左傳曰至於厲王王心戾虐萬民弗忍居王於彘是王室之衰始於懿王至於夷厲政教尤衰也十一世者以言武王作邑因據武王數之周本紀云武王崩子成王誦立崩子康王釗立崩子昭王瑕立崩子穆王滿立崩子共王繄扈立崩子懿王囏立崩共王弟孝王辟方立崩子夷王燮立崩子厲王胡立崩子宣王靜立崩子幽王宮湦立自武王至幽王凡十二王除孝王辟方是十一世也本紀又云幽王三年嬖褒姒生伯服幽王欲廢太子太子母申侯女而爲后幽王得褒姒愛之欲廢申后并去太子用褒姒爲后以其子伯服爲太子鄭語云王嬖褒姒使至於爲后而生伯服王欲殺太子以成伯服必求之申是申后見廢太子奔申王欲於申求之故韋昭云太子時奔申也。申侯與犬戎攻宗周殺幽王於戲。正義曰周本紀云幽王之廢后去太子也申侯怒乃與繒西夷犬戎共攻幽王幽王舉烽火徵兵兵莫至遂殺幽王驪山下虜褒姒盡取周賂而去魯語里革對成公云幽王滅於戲孔晁曰戲西周地名史記云驪山語言於戲則是驪山之下有地名戲皇甫謐云今京兆新豐東二十里戲亭是也潘岳西征賦述幽王之亂滅云軍敗戲水之上身死驪山之北則戲亦水名韋昭云戲山名非也。晉文侯鄭武公迎宜咎于申而立之是爲平王以亂故徙居

東都王城。正義曰鄭語云晉文侯於是乎定天子隱六年左傳稱周桓公言於王曰我周之東遷晉鄭焉依地理志幽王敗桓公死其子武公與平王東遷周本紀云於是諸侯乃卽申侯而共立故幽王太子宜咎是爲平王地理志云幽王淫褒姒滅宗周子平王東居洛邑鄭所據之文也。於是王室之尊與諸侯無異其詩不能復雅故貶之謂之王國之變風。正義曰於時王室雖衰天命未改春秋王人之微猶尊矣言與諸侯無異者以其王爵雖在政教纔行於畿內化之所及與諸侯相似故言無異也詩者緣政而作風雅繫政廣狹故王爵雖尊猶以政狹入風此風雅之作本自有體猶而云貶之謂之風者言作爲雅頌貶之而作風非謂採得其詩乃貶之也鄭志張逸問平王微弱其詩不能復雅厲王流於彘幽王滅於戲在雅何荅曰幽厲無道酷虐於民以强暴至於流滅豈如平王微弱政在諸侯威令不加於百姓乎其意言幽厲以酷虐之政被於諸侯故爲雅平桓則政教不及畿外故爲風也言王國變風者謂以王當國故服虔云尊之猶稱王猶春秋之王人稱王而列於諸侯之上在風則卑矣已此列國當言周而言王則尊之故題王以當國而敘以實應故每言閔周也

帝不降

帝扃 不降弟【索隱】古熒反

帝廑 【索隱】其靳反又音勤

帝孔甲 不降子好鬼神淫亂不好德二龍去

帝皋 【索隱】左傳云墓在崤南陵

帝發 【索隱】帝皋子也系本云帝皋生發及履癸履癸一名桀

帝履癸 是爲桀

從禹至桀十七世從黃帝至桀二十世

殷湯代夏氏 從黃帝至湯十七世

帝外丙 湯太子太丁蚤卒故立次弟外丙

帝仲壬 外丙弟

帝太甲 故太子太丁子淫伊尹放之桐宮三年悔過自責伊尹乃迎之復位

帝沃丁 伊尹卒

帝太庚 沃丁弟

帝小甲 太庚弟殷道衰諸侯或不至【索隱】殷本紀及系本皆云小甲太庚子

帝雍己 小甲弟

帝太戊 雍己弟以桑穀生稱中宗

帝中丁

帝外壬 中丁弟

帝河亶甲 外壬弟

帝祖乙

帝祖辛

帝沃甲 祖辛弟【索隱】系本作開甲

帝祖丁 祖辛子

帝南庚 沃甲子

帝陽甲 祖丁子

帝盤庚 陽甲弟徙河南

帝小辛 盤庚弟

帝小乙 小辛弟

帝武丁 雉升鼎耳雊得傅說稱高宗

帝祖庚

帝甲 祖庚弟淫【集解】徐廣曰一云淫德殷衰

帝廩辛 【索隱】或作馮辛系本作祖辛誤也按上祖乙已生祖辛故知非也

帝庚丁 廩辛弟殷徙河北

帝武乙 慢神震死

帝太丁

帝乙 殷益衰

帝辛 是爲紂弒

從湯至紂二十九世從黃帝至紂四十六世

周武王伐殷 從黃帝至武王十九世

	成王誦		康王釗	昭王瑕
	【索隱】本或作頌非		刑錯四十餘年 【索隱】亮堯反又許照	南巡不返不赴諱之【索隱】宋忠云昭王南伐楚辛由靡為右涉漢中流而隕由靡承王遂卒不復周乃侯其後于西翟也
魯	周公 旦	初封武王弟	魯公 伯禽	考公
齊	太公 尚	初封文王武王師	丁公 呂伋	乙公
晉	唐叔 虞	初封武王子	晉侯 燮	武侯
秦	惡來 助紂父飛廉有力	初封	女防	旁皋
楚	熊繹 繹父鬻熊	初封事文王	熊乂	熊黮 【索隱】他感反又徒感反又杜嗟反[illegible]沃又作點音
宋	微子 啓	初封紂庶兄	微仲 啓弟	宋公
衛	康叔	初封武王弟	康伯 【索隱】康叔子王孫牟父也	孝伯
陳	胡公 滿	初封舜之後	申公	相公
蔡	叔度	初封武王弟	蔡仲	蔡伯
曹	叔振 鐸	初封武王弟		太伯
燕	召公 奭	初封與周同姓	九世至惠侯	

穆王滿	恭王伊扈	懿王堅	孝王辟方	夷王燮	厲王胡	共和
作甫刑荒服不至		周道衰詩人作刺	懿王弟	懿王子	以惡聞遇亂出奔遂死于彘	二伯行政
煬公 考公弟	幽公	魏公 【索隱】系本作微公名弗其	厲公	獻公 厲公弟	眞公	武公 眞公弟
癸公	哀公	胡公	獻公 弒胡公	武公		
成侯	厲侯	靖侯				
大几	大駱	非子	秦侯	公伯	秦仲	
熊勝	熊煬	熊渠	熊無 康	熊摯 紅	熊延 紅弟	熊勇
丁公	湣公 丁公弟	煬公 湣公弟	厲公	釐公		
嗣伯	疌伯 【索隱】音捷	靖伯	貞伯	頃侯	釐侯	
孝公	慎公	幽公	釐公			
宮侯	厲侯	武侯				
仲君	宮伯	孝伯	惠伯			

也三者皆湯所誅也
葛伯
師古曰湯所征
帝湯 尹諧
殷商有㜪仲虺虞公慶節 師古曰湯所誅
氏 氏 師古曰湯左相 遂 公劉子 見孔子家語
師古曰湯中禹湯皆妃生 逄公
字三王大去唐之丁 老彭 栢陵
文從高師古曰古之質㜪與莘 義伯 費昌
故夏殷同之王皆 中伯 師古曰費音祕 皇僕
以名爲號也 大丁 師古曰味義仲湯反 慶節子
之二臣 終古
伊尹 卞隨 夏太史令
外丙
咎單 務光 大丁弟
師古曰湯臣主 中壬

土地之官也單音善下皆類此 外丙弟
差弗
太甲 皇僕子
大丁子 沃丁 師古曰差音楚宜反
太甲子
大庚
沃丁弟
小甲
大庚子
雍己
小甲弟
大戊 伊陟 孟獻 毀隃
雍己弟 師古曰叁伊尹子後 差弗子
巫咸 也 中衍 師古曰隃音踰
師古曰大戊之臣也 臣扈
師古曰亦湯臣 中丁

大戊弟
外壬
中丁弟
河亶
甲
外壬弟
祖乙巫賢
河亶甲弟
祖辛
祖乙子
沃甲
祖辛弟
祖丁
祖辛子
南庚
大彭
沃甲子
公非
毀隃子
辟方
公非子
師古曰辟音璧
高圉
辟方子
夷竢
高圉子

師古曰竢與俟同
豕韋
亞圉
高圉子
陽甲
祖丁子
盤庚
陽甲弟
雲都
亞圉弟
小辛
盤庚子
公祖
亞圉子
小乙
小辛弟
武丁
小乙子
劉姓
豕韋
傅說
祖巳
師古曰說讀曰悅武丁相也

史學
[illegible][illegible]論二十八

黄帝 神農

帝 十

黄帝 黑帝 兩

麻子稷等 宛為 以民作有病節

三郡

山

「劉昭曰徐廣云黃帝葬黃帝冢[illegible]道爲雲陽

隨人社稷之書」

[illegible]至學篇　釋文星書括地志星書[illegible]司馬承

作黃帝山」　老子書陵[illegible]司馬作黃帝[illegible]黃帝葬黃帝陵

西有陵山括地志黃帝葬在[illegible]」

帝以

一

皇者川等之帝

并王就稱謂之是指皇星帝之政號黃帝也

而上古可言之以號之凡稱之皇帝本天位

黃帝之乃至於皇帝皇帝而今本作帝之

伏羲八卦

又古同世是乃物之伏羲而窮之於細之伏羲八卦之

取以繪爲坎離及其字之棵文八卦而云古之言之

如本字云上古言之乎

新小

三[illegible]令

一古者唐虞帝之隆也
以言乎民之萌之所[illegible]業任業責者大者
則易教也
丙[illegible]錄[illegible]三三、六年[illegible]月[illegible]
[illegible]録[illegible]義[illegible]之

倉

民生主義三講，實行民生主義，每年自餘之糧，供需二年足，方可運至外國，此即古義倉之制。

米禁之由来

米禁有兩種（一是禁米出國，一是禁米出省），此兩種米禁意義不同，利害迥異。米禁之制由來已久，春秋時已有之。齊桓公葵邱之會五命曰"毋遏糴"（見孟子）。遏糴者即是米禁。當時列國並立，各成一小獨立國，其禁米出境，固有政治上之理由，但是中國一統以後，海内一家，海上貿易可云絶無。禁米出國不成問題，蓋米本不可以肩挑背負者也。洎乎元代，則國外貿易漸盛，而販米漸多，故元世祖至元二十五年有禁廣州官民毋得運米至占城諸蕃出糴之令（元史卷九十四食貨志市舶條），此殆為禁米出國之第一聲。

至於省與省間之米禁肇端何時，史書不詳。皇朝經世文編有唐夢賚之禁糴說，蔡世遠致浙江黃撫軍請開米禁書，蔡為康熙乙丑進士，唐為順治己丑進士，可見清初已有此禁。清末有端方奏禁米出口辦法摺

（光緒三十三年七月）論米禁辦法尤詳茲將其文要點摘錄于下
至運往外省則仍在中國境內互通有無與運往外國不同条約載
明華洋商人均准販運二十九年前署督臣張之洞查明江海各口
運米情形奏定開禁封禁辦法經外務部戶部逐條核復極
為詳明果能切實奉行斷不致有偷漏出洋之弊又當時酌定
上海米價減至五元上下鎮江米價減至四元上下即行弛禁上海米
價至七元鎮江米價貴至六元即行封禁酌盈劑虛尤為操縱得法三十
一年春間淮揚裏下河一帶米價減落商業壅滯前署督臣周馥
會同前江淮撫臣恩壽前護理江蘇撫臣效曾奏請將鎮江一口及仙
濠西口暫准開禁是年十月因蘇省內地存米甚多又經前署督
臣周馥會同前撫臣元鼎奏請將上海一口弛禁三個月至年底
為止又以北洋冰凍商船出米無多復請展限三個月均經奉旨

敕部議覆截至次年三月為止不得再請展限旋亦遵照部議依
限封禁臣夔龍於三十二年三月二十九日到任維時上海一口已將封禁開
四月間湖南水災長江米船上駛江浙米價日益踴貴即經臣夔龍
會同前署督臣周馥電奏請將鎮江仙濠兩口先期出示封禁奉
旨允准人心稍定是前署督臣周馥請弛禁之事臣夔龍尚未到
任既未與聞即無所謂率至原奏所稱此後十年不准再弛米禁
自為慎重民食起見準度支部咨業經遵旨議覆以鄰省因災
告糴事所常有應查照前議御史吳鈁摺内所稱嗣後米禁勿許
輕開即使偶弛勿逾半年期限等因奉旨依議自應欽遵辦
理臣等仍請查照前署督臣張之洞原奏察看上海鎮江米價
貴賤情形隨時斟酌不稍遷就倘屆時本省米價未能低平即
使鄰省偶告災荒仍不得率請弛禁以重民食又原奏請飭洽

水利講求種植庶民間儲蓄以充等語查涌泖河道為農田水利所關瀦蓄宣洩稍失其宜非特無功轉滋留患上年徐淮揚各屬辦理工賑經臣等分飭各該道府將河堤圩埝各工或擇要浚疏或按段培築次第興辦先後奏報有案其未竟工程仍隨時考察務於秋冬水涸之時一律辦理完竣至種植之學尤為生民大利上年臣端方到任後即經查明江南各屬物產雖富而農林多未講求當於江寧省城酌購地畝派委專員試種各色樹秧及各項果穀以資提倡而開風氣並於江陰鎮江吳淞等處地方派員栽種樹木暨通飭各府廳州縣各就該處地土氣候所宜分別購種栽植專以闢地利厚民生為要兼臣夔龍亦疊飭農工商局設法倡導遇有紳民稟請墾荒樹藝者無不溫語獎勵並飭地方官查明保護一面廣購農學專書分飭各屬以資勸課務期野無曠土境無游民

以仰副朝廷貴粟重農之至意

可見當時並非常年封禁米價至一定程度以上則封禁至一定程度以下則開禁而其歸宿仍在貴粟重農四字後人不察一味封禁硬壓米價祗顧一方之利害忘却全体之關係結果則農棄其田而米之生產益減不揣其本而齊其末此之謂也

南京特別市政府財政局用牋

革命尚未成功 同志仍須努力

澂之先生賜鑒：前承過談，並以有關米商者索閱，
南京米市問題，附於米業之歷史，米業者加稽一禁
出國一禁出者，至元二十五年禁廣州官民毋得運米至
占城諸番出糶，此似為禁米出洋之最早律令，不知尚
有早乎此者否？至于禁米出省，則古書中似不多見，乾
隆年間有麥無遠，上諭江蘇撫年詳閱米禁書，凡此
則清翁似之者，不知究起何時。中國向以重農抑
商，米禁本意似在抑商，因其法宗，則因抑商而反病

中華民國　　年　　月　　日

市籍

[illegible]

[illegible]

銀市

請代倉卿收

庚戌年六月廿九日又十一日

序

手錄

秦漢兩晉

古讀點習正紀傳史節錄所籌者因已通錄之以成

兩晉南宋

前紀乃全史說僅正此之限所謂長編稿也

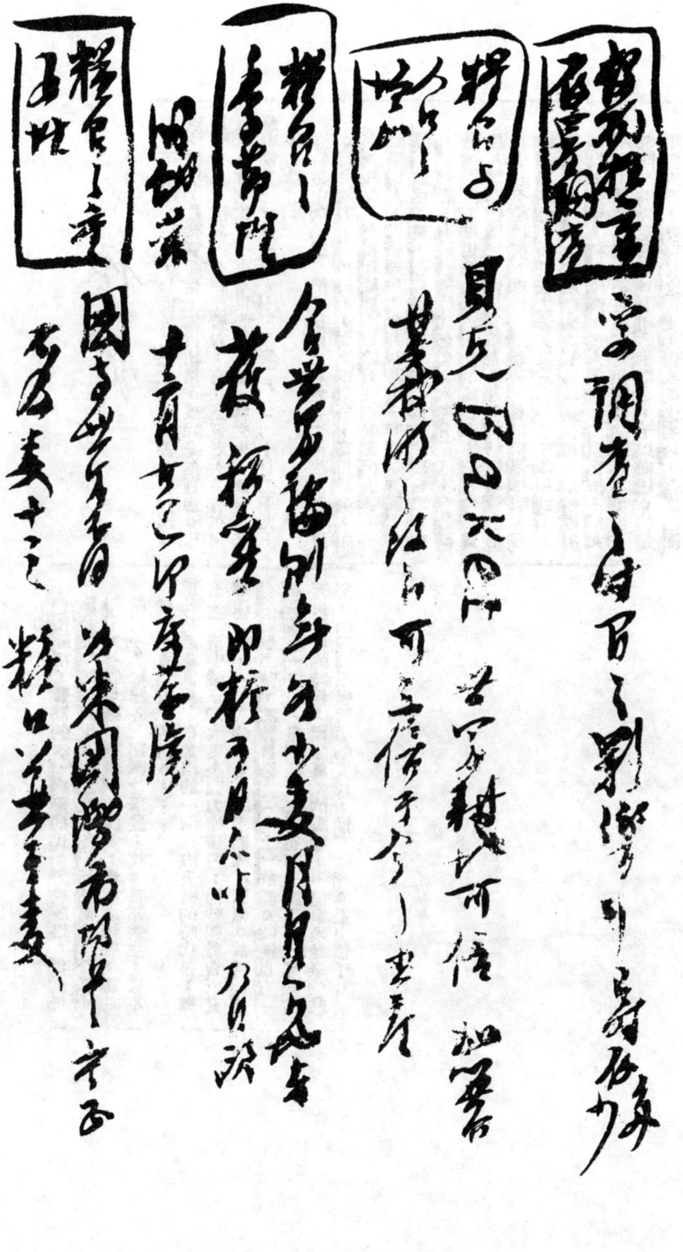

摘錄

災振之弊

至於賑濟一策，救災於已然立法非不善，但因國家政治黑暗，故弊竇叢生，施行結果，饑民毫無實惠。原其弊有在土棍者，有在生監者，有在吏胥者，並有在州縣者。林則徐覆奏查辦災賑情形疏（林文忠公政書 江蘇奏稿卷三）中錄道光十三年（一八三三）十月二十九上日諭的話道：

據給事中金應麟奏稱，積貯之利無窮，補救之利有限。被災地方，窮民最苦，而豪棍最強；富戶最愛，而吏胥最樂：有捏和糠秕，短缺升斗，私飽已橐者；有派累商人，抑勒舖戶，令其幫助者；有將紳衿家丁，混入佃戶丁冊，希圖冒領者；有將本家貼寫皂班，列名影射者；有將已故流民乞丐，入冊分肥者；有將舖張，飯食，車馬派累保正，作爲攤捐者；有將紳衿貿易人等，捏作饑民，代爲支領者；甚至將已經報荒之地，水退不准耕種，以待州縣履勘，名曰指荒地畝，百姓漸至逃亡，而奸狡之徒以災荒爲得計；賑糧到手，猶復隨衆板號，本境已完，旋即改居他邑；米船過境，設卡截留；典舖未開，遂入爬搶；生監把持；婦女喧嚷：種種惡習，不可勝言。州縣略加懲處，吏胥即串同土棍鬨堂毀辱。上司慮生事端，予以撤任。於是相習成風，冊籍付之糧吏，銀米委之劣衿，今歲已賑，明歲復然，眞正饑民，全無實惠。加以被災州縣，剋扣賑粮，彌補虧空；病國病民，尤堪痛恨。從前乾隆嘉慶年間，捏災冒賑之案，無不盡法處治，今數十年來，各省督撫未有參劾及此者，豈今之州縣，勝於前人乎？總緣各上司憚於舉發，故雖百弊叢生，終不破案，實爲近來痼習。……

還眞是黑幕重重！在那樣的一個政治黑暗的時代裏，雖有一二清廉嚴正的大吏企圖力除積習，而整個社會旣是那樣黑暗，一二人的力量也終不能轉移風氣。故林則徐有「災賑之弊，悉數難終」（仝上）的話。陶澍也有「辦賑甚難」之嘆（皇朝經世文編卷四十二頁九）可知當天災流行的時候，國家萬千的賑欵，不過飽塡强豪的慾壑，而遍地嗷嗷待哺的災民，惟有待死溝壑中罷了。

倉儲

清代倉儲

清代備荒的倉儲可分爲兩類：一曰官倉，常平爲其代表；二曰私倉，社倉爲其代表。本來倉儲制度防患於未然，乃是一種救濟良策。但因辦法不善，致對於民生也毫無裨益。如常平倉本是爲平糶而設，而「及其新穀已升，例應平糶，大府慮州縣巧爲出脫，一駁不許，再駁不許。或覓許之矣，則又牢守糶三之例，溢米不增，挈其盈餘，上輸司庫，仍發奏定之價，嚴催買補。州縣明知糶易買難，則寧坐視米價翔貴，而姑且貯之以省累」。（小倉山房文集卷十五，頁七）又如社倉本是爲預備借貸給貧窮者而設，乃「今貧者求借不得，富者不肯借而必強與之。所以然者，慮借者不償，而社長代償；慮社長不償，而官將代償故也。然則非社長過矣，并非官過矣，是督撫之誤民穀爲官穀，而奏入交代者之過矣。州縣敷衍成例，不得不詭立姓名，申於上曰，某也借，某也還，其實終年屹然存社長之家而已。（仝上）鄉愚，這種倉儲制度眞有如袁枚所謂「有若無，實若虛」了（仝上）對於社會民生有何補救呢？

民食

談叢記

除屯積米麥中害蟲法

陳巾如

米麥爲人類生命之必須品。人類所不能一日缺者也。顧年來因種種關係。價值較昔昂貴數倍。中產以下人。莫不愁眉浩歎。推其故。或因天災頻仍。或因奸商操縱。此說固屬實在情形。然除此以外。猶有吾人日常不甚經意之蟲害。實亦侵剝吾人供給。致使價值提高之一大原因也。

米麥入霉雨期。因空氣中之溫度與濕氣之蒸發。致生種種害蟲。此種害蟲損耗甚巨。屯米所被之害。輕則減少百分之五。重則減少百分之十以上。平均計之。總在百分之六六左右。

害蟲有穀蛾、穀象、穀盜等多種。初在米中孵化爲幼蟲。次變爲蛹。終成爲蟲。此中以幼蟲食米最多。日本農科大學曾有殺滅此種害蟲法之發明。手續至爲簡易。不論何時。皆使施行。其法以皿盛二硫化炭（爲無色透明之液。係硫與炭化合而成）置米麥倉中。密閉窗戶。經一宿後。皿中之藥水蒸發而爲氣體。侵入蟲之巢窟。蟲即被其剿滅。翌日洞開其窗戶。使空氣流通。以散二硫化炭所變之氣。體對於米麥。毫無所損也。（乙種酬）

市稅

查記康熙六十一年，暹羅國王言其地米甚饒，價銀
二三錢可買稻米一石，詔令分運米三十萬石售于閩
廣浙江之海，免其稅。雍正二年，暹羅貢稻種、果樹。
乾隆十三年，宋卡國獻稻，附洋船載穀二千石，銀二千兩，免其七萬
所來商船，照麥稻至五萬石例，禁其穀出洋，奏請該國家
并禁其穀出洋，以其私販之商悉歸禁，嗣生事端，著該國米糧禁少
隨船買，因販米者可免異議，則其載穀為麥交倉核理
著該平糶，以濟其困

秋八年，吕后遣一以蕭商運米至南陽，以來兩旧郡僧伐糴米
粟元年石以上者，其人賤，穀價十之二，又二即斛米不過五千
糧亦足，賤貨穀價十之三
閩糧不贍，商人能遠販運米至二千石以上者，考何
訴錄廿五人任頃帶

食

粵收洋米稅石佰一元 於廿三年九月十二日

始

倉

以有糧倉會議

廿三・十・廿 在南昌開會 到者上海 江蘇 浙江 廣東 河北 河南 湖北 湖南 安徽 江西 及國防設計委員會委員 四省農民銀行行長 江西糧食管理局局長 廿三日開幕

台

閩省徵收洋米稅

廿十四令議通過。每擔百斤徵一

元穀六角五分

官

西人每年所費之米

據世界農會報及日本統計 最多者新加坡及其附近殖民地三億十斤 次日本二億二十斤 台灣二億十斤 暹羅一億九十斤 安南一億十五斤

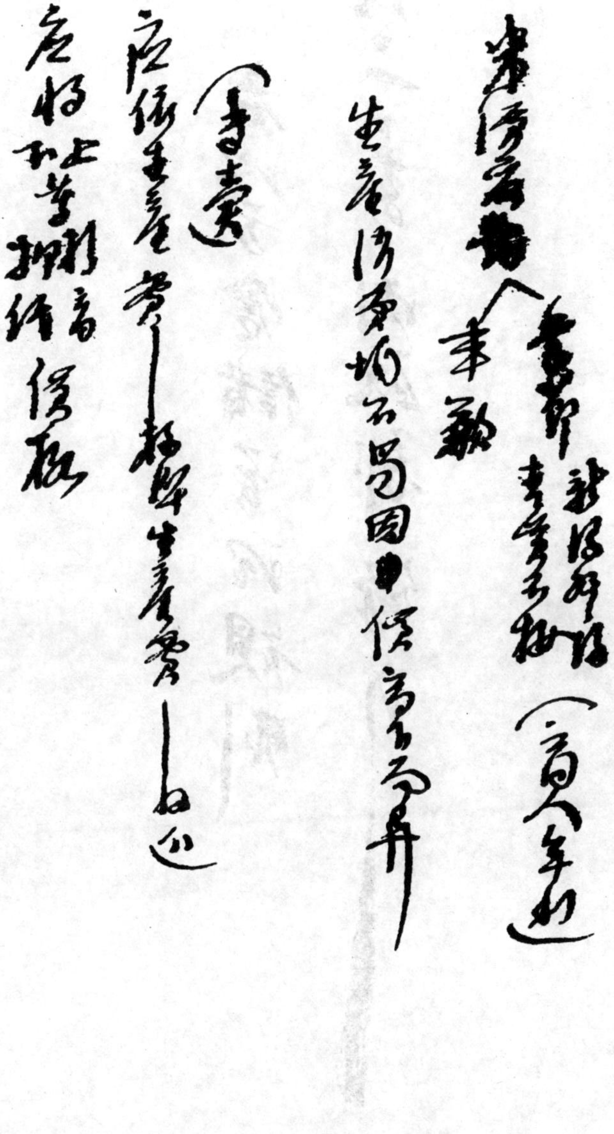

各地方倉儲管理規則

十八・二・十四　內政部訂

市

救災準備金列入預算

廿四年七月一日 財部 抬高之

飲食附烟

飲食附烟提要

「飲食附烟」一包札録，内分「食飲」「飲食」和「飲食附烟」三札。都是吕先生從《左傳》《史記》《漢書》《資治通鑑》等史籍中摘出的資料，也有一些是讀《癸巳類稿》《春在堂隨筆》和《社會科學史綱》《中日交通史》等書籍的筆記。

吕先生的札録，通常在天頭或紙角寫有類别名稱，如「飲食」「民食」「烟」等，有些也寫題頭。資料多是史籍原文的節録，並加有篇名卷第，如第一一九頁録《晉書》資料注見「卅三5上」「四五7下」（即卷三三第五頁正面、卷四五第七頁反面）。未録原文的，也記録史料的出處，如第一三五頁「菰首，今人謂之茭白」注見「《通鑑》梁武帝大清三年注」。第一三七頁「寒食一月老少不堪多死」注見《後漢書·周舉傳》「九一4上」。也有不少札録先生加了按語，如第二四四頁録《管子》資料，「案：此則古人不以巾拭口」。此類按語，也見於第一五〇、一六五、二〇〇等頁。

「飲食附烟」一包，也有一些剪報資料，此次整理只收録了一小部分；札録的手稿部分，均按原樣影印刊出。

飲食

晉书何曾传，为镇北将军都督河北诸军事、假节。将之镇，文帝使武帝斋王攸辞送数十里。曾盛为宾主，备太牢之馔，侍从吏驺莫不醉饱。（卅三上）厨膳滋味，过于王者。每燕见，不食大官所设，帝辄命取其食。蒸饼上不拆作十字不食。日食万钱，犹曰无下箸处。（仝上）子劭，食必尽四方珍异，一日之供以钱二万为限。时论以为大官御膳无以加之。（仝上）

又任恺传，初，何劭以公子奢侈，每食必尽四方珍馔，恺乃踰之，一食万钱，犹云无可下箸处。（四五下）

又刘毅传，[illegible]義目。……又汪家中云，高中汪，聽事汪，摄汪，用用

飲食

麴米，雨傳者三品。投醪者與三軍同其苦樂。自今不得分外。（六二上）

晉書惠帝紀：永興元年。……王浚遣烏丸騎將攻成都王穎於鄴。大敗之。穎與帝單車走洛陽，服御分散，倉卒上下無齎。侍中黃門被囊中齎私錢三千，詔貸用。所在買飯，以供宮人。止食於道中客舍。宮人有持升餘粳米飯及燥蒜鹽豉以進帝，帝噉之。御中黃門布被。次獲嘉，市麤米飯，盛以瓦盆，帝噉兩盂。有老父獻蒸雞，帝受之。（四上）

又郤詵傳：詵母病，苦無車，及亡，不欲車載柩，家貧無以市馬，乃於所住堂北壁外假葬。……養雞種蒜，竭其方術。喪過三年，得馬八匹，輿柩至家，負土成墳。（五二上）

晉書所引喫茶始之說。中國相傳故居猶鮮。及以美煮猶盛。貴

人家宅。必畜其器。書其嘉名。皆以為先。（此花近）

又皇甫謐傳。城陽太守梁柳。謐從姑子也。當之官。人勸謐餞之。謐

曰。柳為布衣時。過吾。吾送迎不出門。食不過鹽菜。貧者不以酒

肉為禮。今作郡而送之。是貴城陽太守而賤梁柳。豈中古人之

道。是非吾心所安也。（至一頁）

陸曄傳玩子納。出為吳興太守。將之郡。先至姑孰辭桓溫。因問溫

曰。公致醉可飲幾酒。食肉多少。溫曰。年大來飲三升便醉。白肉

不過十臠。卿復云何。納曰。素不能飲。止可二升。肉亦不足言。後

伺溫閑。謂之曰。外有微禮。方守遠郡。欲與公一醉。以展下情。溫

欣然納之。時王坦之刁彝在坐。及受禮。唯酒一斗。鹿肉一柈。坐客愕然。納徐曰。明公近云飲酒三升。納止可二升。今有一斗。以備杯杓餘瀝。溫及賓客並歎其率素。更敕中廚設精饌。酣飲極歡而罷。（七七頁）

晉書孔愉傳。從弟群。性嗜酒。……嘗與親友書曰。今年田得七百石秫米。不足了麴糵事。其耽酒如此。（七八頁）

又虞預傳。咸和初。夏旱。詔衆官各陳致雨之意。預議曰。……蓋老牛不犧。禮有常制。而自頃衆官。拜授祖餞。財相夸尚。屠殺牛犢。動有十數。醉酗使酒。無復限度。傷財敗俗。所虧不少。（八二頁）

又劉曜載記。曜始禁無官者不聽乘馬。禄八百石已上。婦女乃得

私錦權。自李秋蔚功畢。乃榷館酒。宗廟社稷之祭。不用殺牛。祀
此皆是。（卷三注）
晉書孝武帝紀太元八年十二月。開酒禁。安帝紀。隆安五年。是
歲饑。禁酒。義熙三年二月。除酒禁。
宋書孔琳之傳。宋臺獻使宜。……琳之於雅衛之外別建言曰。……
之又曰。……肴饌尚奢。為日久矣。今雖改張是弦。而此風未革。
所甘不過一味。而陳必方丈。適口之外。皆為悅目之費。富者以
之示夸。貧者為之殫產。衆所同鄙。而莫能獨異。愚謂宜粗為其
品。使奢儉有中。若有不改。加以貶黜。則德儉之化。不日而流。此從
時宜亦述

宋書卷六一江夏文獻王義恭傳：高祖爲性儉約，諸子食不過五醆盤。而義恭愛寵異常，求須果食，日中無算，得未嘗噉，悉以乞與傍人。廬陵諸王未嘗敢求，求亦不得。（卷六一）

又孝義傳：何子平事母至孝。揚州辟從事史，月俸得白米，輒貨市粟麥。人或問曰：所利無幾，何足爲煩。子平曰：尊老在東，不辦常得生米，何心獨饗白粲。每有贈鮮肴者，若不可寄致其家，則不肯受。（卷九一）

母喪去官。……值大明末，東土饑荒，繼以師旅，八年不得營葬。……日以數合米爲粥，不進鹽菜。（同上）

文帝路皇后傳：宣書路皇后生世祖。……大[illegible]從宮，而[illegible]數。爲遣[illegible]令付。高[illegible]良[illegible]身[illegible]，而[illegible]，后亦[illegible]

豆肉。曰。於粉乃是矣。（廿三）　南史

言……王……别傳……首……善攝方守。……出門從市遇兄廣同

耕。頰曰。若興昔無此耕。是物少時在此所值也。（廿八）　南史

又庾杲之傳：清貧自業。食唯有韭葅、瀹韭、生韭、雜菜。或戲之曰：誰

謂庾郎貧。食鮭常有二十七種。言三九也。（卅四）　南史

又高祖十二王傳：武[redacted]陵昭王曄……令王儉詣曄。曄留儉設食。柈

中菘菜鮑魚而已。（卅五）　南史

又虞悰傳：悰善為滋味。和齊皆有方法。豫章王嶷盛饌享賓。謂悰

曰。今日肴羞。寧有所遺不。悰曰。恨無黃頷臛。何曾食疏所載也。

……世祖幸芳林園。就悰求扁米粣。悰獻粣及雜肴數十轝。大

官鼎味不及也。上就悰求諸飲食方。悰秘不肯出。上醉後體不
快。悰乃獻醒酒鯖鮓一方而已。（卅七址）又址 南史
齊書劉瓛傳：建元初，為武陵王曄冠軍征虜參軍。曄與僚佐
飲。自割鵝炙。瓛曰。應刃落俎，膳夫之事。殿下親執鸞刀，下官未
敢安席。因起請退。（卅九址）卅 南史 27下
齊書徐孝嗣傳：是時連年虜動，軍國虛乏。孝嗣表立屯田。墨指 淮南
……今水田雖晚，方事菽麥，菽麥二種，蓋是北土所宜，彼人
便之，不減粳稻。開創之利，宜在及時。（四○址）
齊書孝義傳：樂頤，吏部郎庾杲之嘗往候頤，為設食，枯魚菜菹而已。
杲之曰：我不能食此。母聞之，自出常膳魚羹數種。杲之曰：卿為

於茅季偉。非郭林宗。（見上述三四下）

梁書賀琛傳是時高祖任職者。皆緣飾姦諂。深害時政。琛遂啟陳事條封奏。……其二事曰。……今天下宰守所以皆尚貪殘。罕有廉白者。良由風俗侈靡。使之然也。淫奢之弊。其事多端。粗舉二條。言其尤者。夫食方丈於前。所甘一味。今之燕喜。相競誇豪。積果如山岳。列肴同綺繡。露臺之產。不周一燕之資。而賓主之間。裁取滿腹。未及下堂。已同臭腐。又一宴醑所費。已破數家之產。……（上卅八止）……書奏。高祖大怒。召主書於前。口授敕責琛。曰。……若以下民飲食過差。亦復不然。天監之初。思之已甚。其勤力營產。則無不富饒。惰遊緣業。則家業貧窶。勤修產業。以營盤業。自己營之。自己食之。以播於天下。無賴子弟。惰營產業。移於兵農。無可施設。此所以播於天下。且又爲轉同宦。兩不同。悍而皆也。仍不能諸。當而富出。於事何損。專謀圓日。失節之謀。亦民所自業。正則不犯辟。咬勉播而為之。前力所不能。選學者樂無今後蓄其風尚。正其知而於所事。若使能違後者利。此事謂不可說。若意其制。則此居肆之中。亦何可知。若宰之撲檢。其細已甚。則使者不呼問。方可得平。互相恐嚇。乃求財帛。是長獨說。無益治道。若此指諸廷。辨無此象。普之禮家。久不察級。能中今同。菜蔬而已。至[redacted]粗得屠緝之節。若復減此。無有螺蚌之識。若以為功績事也。皆是園中之所產者。功績之事。亦無多費。一底為數十種。合一菜為數十味。而變成菜。亦無多種。以變城

亦可換於車。蓋可只須候……」(5上)

梁昌君日得甄悟、鞍藏長文。裹廚有着國人。宗人矜其小。以肉

汁和餖飣之。皆不肯食。」(可也7上)

又云：『未得自遼江，湖多水族。若綫遠無食。不過乾魚數斤而已。」(6上)

三

6上

陸君沈，前得京雅音嗇。內治產業。財用以儉計。無所多費。其負筆

嘗告我：……『明定二年。書起部尚書。曾起方極殿。恒服布衣茫

膳以廚經為常。不識乾魚、第餒積敝之。」(千位)

南史后妃傳：『宣孝陳皇后，后生高帝。永明九年。詔太廟四時祭。

宣皇帝薦起麵餅、鴨臛。孝皇后薦筍、鴨卵、脯醬、炙白肉。高皇帝

薦肉膾菹羹。昭皇后薦茗粣炙魚。並生平所嗜也。（十一上）

陳初孔奐傳：[redacted]遣東方老蕭軌來寇。四方壅隔。[redacted]糧運不繼。三軍取給。唯在都下。乃除奐建康令。高帝剋日決戰。乃令奐多營麥飯。以荷葉裹之。一宿之間。[redacted]得數萬裹。軍人旦食訖。盡棄其餘。因而決戰。大破賊。（廿七下）

南史庾蓽傳：以為荊州別駕。蓽以紀綱。皆有能稱。蓽在為之。清方率下。杜絕請託。布被蔬食。妻子不免饑寒。（四九下）子喬之子寔字子休。按寔字。今正之列縣。（四九上）

南史循吏傳：孫謙從子廉。凡貴要每食。廉必日進滋旨。皆手自煎調。不辭勤劇。遂得為列卿。（七十下）

南史顏竣傳：竣上言禁餳一月。息米近萬斛。（卅四上）孝證餳一庫作糖。

又呂僧珍傳：僧珍兄子先以販葱為業。僧珍至南兗州，乃棄業求州官。僧珍曰。吾荷國重恩，無以報効。汝等自有常分。豈可妄求叨越。當速反葱肆耳。（五六下）

又王僧孺傳：出為南海太守。南海俗殺牛，曾無限忌。僧孺至，便禁斷。（五九下）

又傅昭傳：子婿嘗得家餉牛肉。以進昭。昭召其子曰。食之則犯法。告之則不可。取而埋之。（六十上）

又孔休源傳：休源初到都。寓於宗人少府孔登。曾以祠事入廟。侍中范云。一与相遇。便加褒赏。……及云命驾到少府。登便拂筵整带。谓当诣之。备水陆之品。云驻节。命休源。及至。命取其常膳。止有赤仓米饭蒸鲍鱼。云食休源食。不举主人之馔。高谈尽日。同载还家。登深以为愧。（梁卅六）

南史江革传。为魏人所执。魏徐州刺史、安丰王延明……知不可屈乃止。日给脱粟饭三升。仅余性命。（梁卅六）

南史徐孝克传。陈亡。随例入长安。家道壁立。所生母患。欲粳米为粥。不能常办。母亡之后。孝克遂常啖麦。有遗粳米者。孝克对而悲泣。终身不复食之。（南六二）

又孝义传郭世通子原平。佣赁以给供养。性甚巧。每为人作。止取

散大價。主人設食。原本自以為貴美。安不輟肴味。恆十餘筵飯而
已。若家中有令。雖中貴日數不得絕。須日暮作畢。當其時家。
於千羅買。然後薦饌。（七三二上）
又宋初吳郡人陳遺。少為郡吏。母好食鐺底飯。遺在役。恆帶一囊。
每煮食。輒錄其焦以貽母。後值孫恩亂。聚得數斗。恆帶自隨。及敗
逃竄。多有餓死。遺以此得活。（七三二上）
宋書文帝紀元嘉二十一年。春正月己亥。南徐南豫州揚州之浙
江西並禁酒。[illegible]（五八上）二 南史
又二十二年九月己未。開酒禁。（五九上）二 卅 南史
又文九王傳建平宣簡王宏時普責百官讜言 世祖 宏議曰……禁 今陛下

費遊而純權酤。……（二三九）

宋書自序：亮，林子之子。（二九L）時三吳水潦，穀貴民饑，刺史彭城王義康使立議以救民急。亮議以：……且酒有喉脣之利，而非饗餌所資，尤宜禁斷，以息（五）遊費。即並施行。（百上）

宋書文帝紀：元嘉十一年五月戊辰，詔中外以軍戎以來，穀稼傷損。……以軍故禁酒二年。東方始熟，可權弛此禁。（三下）南史

梁書文學傳：謝幾卿……性通脫，會意便行，不拘朝憲。嘗預樂遊苑宴，不得醉而還，因詣道邊酒壚，停車褰幔，與車前三騶對飲。時觀者如堵，幾卿處之自若。（五十上）

晉書石勒載記：勒以百姓始復業，資儲未豐，於是重制禁釀，郊祀

宗叡。皆以醉死。行之数年。無復釀者。（[illegible]）
周书王罷傳。罷性儉率。不喜遊宴。嘗有賓使。罷為其設食。使乃裂
其薄餅緣。罷曰。耕種收穫。其功已深。舂爨造成。用力不少。乃尔
選擇。當是未飢。命左右撤去之。使者愕然。大慚。又有客与罷食
瓜。侵膚稍厚。罷意嫌之。及瓜皮落地。乃引手就地。取而食之。客
甚有愧色。書傳又云。每至享會。親自稱量酒肉。分給將士。時
人為其均平。嘆其敬碎。（十八，下）查天堪撈物廿
菰首今人謂之茭白。清三年生（[illegible]）（通鑑梁邵帝大）雕菰米。本草又謂之茭白。
歲久中心生白薹。謂之菰米。其薹中有黑者。謂之茭鬱。亦所結
实。乃雕胡黑米也。又（[illegible]）

固安之栗。通鑑梁武帝普通七年杜洛周遣都督王曹紇真等將兵掠薊南。七月。丙午。行臺常景遣都督于榮等擊之於栗園。大破之。斬曹紇真及將卒三千餘級。注。栗園當在范陽固安縣界。固安之栗。天下稱之。（顧野）

酒鎗。通鑑齊武帝永明元年。太祖……至東宮玄圃宴於方圃……聞喜公子良以酒鎗注鎗……盛酒之器。按太平御覽。錄即鎗字。但鎗非可指書。（陸游）

魏書高祖紀。延興四年二月辛未幸斛律[illegible]之舍（見上注）

食飲

寒食一月老少不堪多死後書周舉傳（九一吐）

隱六言食○僕出于宮閫皆令應予對否不甚（七一孙）

飲食

禁酒非法律所能解決　酒之害起非不良嗜好起義僅某種需
要目前問題在使科學知識普及酒之利而免其不良者之使用
社會科學史綱人
生之物學及細
王日一舉為少牢　王日一舉解　求古錄禮說の
謂食貴新常食之味　前上十一表　禮飯食考
黍稷稻粱貴賤同　上
酒之利害。酒精養化能發生一種力故疾病时能使不消化之
食物吸收脂肪酒尚有益惟平人將力貯於細胞中種之妨礙
炭水化合物及脂肪之養化故多肥

煙

吸煙何以覺樂？吸煙能使血中錫之濃度暫增，貯藏錫之衰是為吸煙快感之大部分原因

食

田

利害之所在民之去就知火之於燥溼水之於高下。火水之就燥下猶人之就利 夫民之所生。衣與食也食之所生水與土也所以富民有要食民有率率三十畝而足於卒歲歲兼美惡畝取一石則人有三十石果蓏素食當十石果蓏不以火化而食故曰素食 糠秕六畜當十石則人有五十石布帛麻絲旁入奇利未在其中也奇餘言不在五十石之中也 故國有餘藏民有餘食每年人有五十石故藏皆餘也 夫敘鈞者所以多寡也敘鈞謂敘比其均平 權衡者所以視重輕也戶籍田結者所以知貧富之不訾也謂每戶置籍每田結其多少則貧富不依訾限者可知也 故善者必先知其田乃知其人田多則人多田少則人少 田備然後民可足也

管子　卷十七　六　埽葉山房石印

管子禁藏

食

肉食者謀之　左莊十

食

致

楚辭 九、十二

芸舍

財已達之芸舍堂芸叢返

食

夾爵

將飲君先自飲及飲訖又自飲 儀禮公食燕禮君飲

及燕則夾

爵

觚

食

無算爵

燕禮 儀禮 方 無算爵 注算數也爵行無次

無數唯意所勸醉而止

食

吳越春秋句踐伐吳外傳：生男（丈夫）二，貺之以壺酒（二）一犬；

生女（子）二，貺以壺酒（二）一豚……載飯與羹與（勉案：同以）

惟國之中之儒子戲而遊孤，哺而啜之（勉案：徒有啜，啜亦指飯

與羹

言）

飲食

今文湆為汁

公食大夫禮 大羹湆不和注

飲食

熟食

炙或火中加熱灰內傅土苞裹

熟食
- 烹
- 炙

暴，或炙，成脯等

脯

藝也之[redacted]民多汁以日暴乾肉以便藏儲之國

有脯及脩似與虜西之方也

飲食

火食之始

石烹

先知烘，后知煮，煮皆用陶器與鬲

勉案陶器之興或由捭豚

古初飲耳，進乃用蠡及瓢

熟食 味美 省消化力

食

短也臣愚竊以爲亦過矣故善用兵者不以短擊長而以長擊短韓信曰然則何由廣武君對曰方今爲將軍計莫如案甲休兵鎮趙撫其孤百里之內牛酒日至以饗士大夫醳兵【集解】駰案魏都賦曰肴醳順時劉逵曰醳酒也【索隱】劉氏依劉逵作醳酒謂以酒食養兵士也案史記古釋字皆如此豈亦謂以酒食醳兵士故字從酉乎北首燕路【正義】首音狩向也而後遣辯士奉咫尺之書【正義】咫尺八寸言其簡牘或長尺也暴其所長於燕【正義】暴音僕燕必不敢不聽從燕已從使諠言者東告齊齊必從風而服雖有智者亦不知爲齊計矣如是則天下事皆可圖也兵固有先聲而後實者此之謂也韓信曰善從其策發使使燕燕從風而靡乃遣使報漢因請立張耳爲趙王以鎮撫其國漢王許之乃立張耳爲趙王楚數使奇兵

史記淮陰侯列傳

飲食

一

脊側肉　腱

麻反○擣珍取牛羊麋鹿麕之肉必脄每物與牛若一捶反側之去其餌孰出之去其皽柔其肉 脄脊側肉也捶擣之也餌筋腱也柔之爲汁和也汁和亦醯醢與○脄音每徐亡代反夾脊肉餌音二本或作皽下句作餌筋音斤腱徐其偃反皇紀偃反一音其言反隱義云筋之大者王逸注楚詞云筋頭也與音餘○

漬取牛肉必新殺者薄切之必絶其理湛諸美酒期朝而食之以醢若醯醷 湛亦漬也○湛子潛反直蔭反又將鴆反一音陟鴆反注同期音朞

疏 炮取至醯醷○正義曰炮取豚若將者言爲炮之法或取豚或取牂故云取豚若將刲刳其腹實香棗於其腹中○編萑以苴之者萑是亂草也苴裹也編連亂草以裹市豚牂裹之既畢塗之以謹塗謂穰草相和之塗也以此墐塗而泥塗之炮之塗皆乾擘之者謂擘去乾塗也○濯手以摩之去其皽者手既擘泥不淨其肉又熱故濯手摩之去其皽莫○爲稻粉糔溲之以爲酏者付全豚之外煎之於膏若羊則解析肉以粥和之○膏必臧之者滅沒也小鼎盛膏以膏煎豚牂膏必沒此豚牂也○鉅鑊湯以小鼎薌脯於其中者謂以大鑊盛湯以小鼎之香脯實於大鑊湯中○使其湯毋滅鼎者使鑊中之湯無得沒此小鼎若湯沒鼎恐湯入鼎中令食壞也○三日三夜毋絕火者欲令用火微熱勢不絕○注將當至全耳○正義曰以經云取豚若將則將是豚類故知將當爲牂聲相近又字體一邊相似云刲刳博異語也者按易云士刲羊又云刳木爲舟意同而語異○云謹當爲墐者以謹非泥塗之物以聲相近

十三經注疏　禮記二十八　内則　七

故爲墐也云墐塗塗有穰草也者用之炮豚須相黏著故知塗有穰草也云糔溲亦博異語也者亦者亦上刲刳刲刳既博異語故云糔溲亦博異語也云唯豚全耳者按周禮封人有毛炮之豚豚形既小故知全體周禮鄭注云毛炮豚者爓去其毛而炮之豚既毛炮則此牂或亦毛炮既無正文不敢定也○注脄脊至醢與○正義曰知脄是脊側肉者以脊側肉美今擣珍宜取美處故爲脊側肉云餌筋腱也者以經云去其餌又曰去其皽皽既爲皮莫則餌非復是皮莫故以爲筋腱腱即筋之類云汁和亦醯醢與者以上炮豚炮牂調以醯醢下漬亦食之以醢若醯故知擣珍和亦用醯醢○

○爲熬捶之去其皽編萑布牛肉焉屑桂與

周官内饔 [illegible] 注 鄭司農 [illegible] 脊肉 [illegible]

[illegible]

饋食（禮）

墮祭爾敦文在下經官各肅其職不命者言祝無事之義案宿諸官各肅其事不須命故祝得反南面　尸取韭菹辯擩于三豆祭于豆間上佐食取黍稷于四敦下佐食取牢一切肺于俎以授上佐食上佐食兼與黍以授尸尸受同祭于豆祭　牢羊豕也同合也合祭於俎豆之祭也黍稷之祭爲墮祭將食神餘尊之而祭之今文辯爲徧　疏注牢羊至爲徧○釋曰云黍稷之祭爲墮祭者肺與黍稷俱得爲墮故周禮守祧職既祭則藏其墮墮中豈不能兼肺肺與黍稷俱祭于菹上上既藏之明肺與黍稷器不動人就器減取之故特得墮名舉肺則全取因上絶之不得墮稱及其藏之并有墮名也云將食神餘尊之而祭之者謂陰厭是神食後尸來即席食尸餕鬼神之餘故尸亦尊神而祭之以其凡祭者皆不是盛主人之饌故以祭之爲尊也　上佐食舉尸牢肺正脊以授尸上佐食爾上敦黍于筵上右之　爾近也或曰移也右之便尸食也重言上佐食明更起不相因　疏上佐至右之○注爾近至相因○釋曰曲禮云飯黍無以箸是古者飯食不用匙箸若然器即不動器中取之故移之於席上便尸食也云重言上佐食明更起不相因者前舉尸牢肺時坐而取之與以授尸不因此坐取肺即爾敦黍明更坐爾黍而起不因前坐也案特牲云黍稷此及虞皆不云稷者此後皆黍稷連言明并黍稷食之不虛陳而不食不言爾之者文不具其實亦爾之也　主人羞肵俎升自阼

上下佐食
墮祭
古代飯前用匕箸，器不動，器中取之

少牢饋食禮……十八

用之。漢人書始作鍾，凡物外瘦中肥謂之鍾

爲凡酒漿以之酒器名之

注鍾之甀。大瓦盛冰，置食物于中

以禦溫氣。疏：漢時名爲甀，即今之罋是

也。

釋文：甀，直偽反。

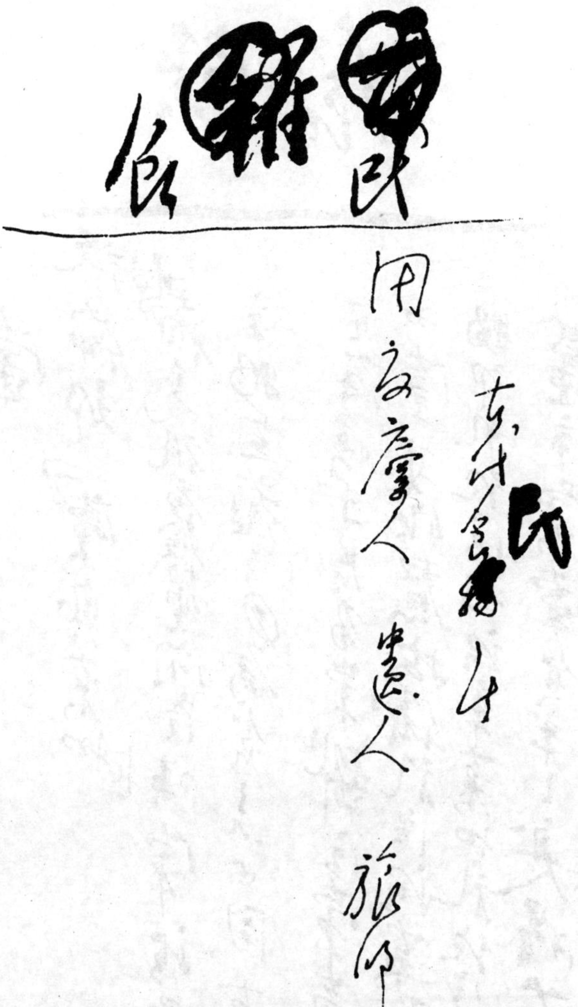

1

飲食

葷

説文艸部曰葷臭菜也

儀禮士相見禮夜侍坐問夜膳葷請退可也注葷

辛物葱薤之屬食之以止卧古文葷作薰

又玉藻膳於君有葷桃茢注葷薑及辛菜

也當我作君按儀禮注謂葱薤之屬為辛

物即禮記注所謂辛菜也禮記注兼步之以薑與葷并舉

薑辛而不葷葷兼辛臭只是葱薤之屬諸

辛而葷實與薰同類也，葷古作薰，或作焄，
故與臭同名，薰蕕皆曰臭。按戴侗語爲是也。
王氏謂句之之，荀子楊倞注、家語王注，皆謂之辛，
菜食亦葷，茶區別之，於葷屬辛菜而言及
以腥以葷，無敢臭人者，釋典以葱蒜韭薤
興渠爲五葷，以其臭人，皆應避，故而因請
轉曰葷，蕈三字而不葷，古相見亂，住古文葷從
薰

飲食

肺
- 舉肺
  - 舉肺
  - 離肺
  - 嚌肺
  - ——食
- 祭肺
  - 祭肺
  - 刌肺
  - 切肺
  - ——祭

士冠禮（儀禮三）舉肺……疏

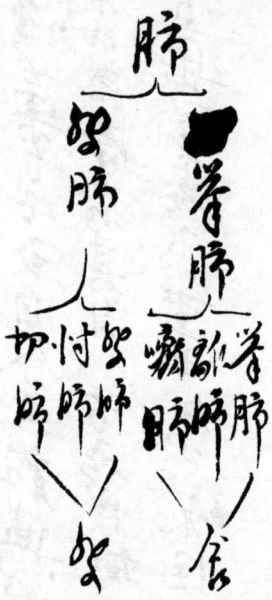

飲食

乳肉与脯脩别

古时人（[illegible]孔子之）三[illegible]有乳肉[illegible]

飲食

豆沙

説文豆部𧯷，豆飴也，從豆夗聲。王筠言：饒語之餚卷餅，謂饒餡中著豆屑也。廣韻𧯷，飴相豆裹饒𧯷，皆𧯷之別作，即今之豆沙也。

飲食

定勳

鄉村孔伋孔十二羨美定　佳肉饋之　羨美定之極觀

此論物觀之食

食給

粢食不鑿——黍稷曰粢

粢食不鑿黍稷曰粢不精鑿○粢音咨食音嗣餅也鑿子洛反精米也字林作糳子沃反云糲米一斛舂爲八斗疏注黍稷至精鑿○正義曰釋草云粢稷舍人曰粢一名稷稷粟也郭璞云今江東人呼粟爲粢士虞記云明齊鄭云今文曰明粢粢稷也然則粢是稷之別名但稷是諸穀之長粢亦諸穀揔名周禮小宗伯辨六粢之名物鄭玄云六粢謂黍稷稻粱麥苽是諸穀皆名粢也祭祀用穀黍稷爲多故云黍稷曰粢飯謂之食傳云粢食不鑿謂以黍稷爲飯不使細也九章筭術粟率五十糳二十四言粟五斗爲米二斗四升是則米之精鑿昭其儉也此四者皆示儉

桓二

麵〃麩
叙不收然義蕎等賣麵也原注一作
麩

食

漢樊噲傳沛人也以屠狗為事師古曰時人食狗亦與羊豕同故噲專屠以賣

食

兆有湖縣本名胡武帝更名湖卽今湖城也【正義】今虢州湖城縣也望見車騎從西來范睢曰彼來者為誰王稽曰秦相穰侯東行縣邑范睢曰吾聞穰侯專秦權惡內諸侯客【索隱】內音納亦如字內猶入也此恐辱我我寧且匿車中有頃穰侯果至勞王稽因立車而語曰關東有何變曰無有又謂王稽曰謁君得無與諸侯客子俱來乎無益徒亂人國耳王稽曰不敢卽別去范睢曰吾聞穰侯智士也其見事遲鄉者疑車中有人忘索之【索隱】索搜也先格反於是范睢下車走曰此必悔之行十餘里果使騎還索車中無客乃已王稽遂與范睢入咸陽已報使因言曰魏有張祿先生天下辯士也曰秦王之國危於累卵【正義】按說苑云晉靈公造九層之臺費用千金謂左右曰敢有諫者斬荀息聞之上書求見靈公張弩持矢見之曰臣不敢諫也臣能累十二博棊加九雞子其上公曰子為寡人作之荀息正顏色定志意以棊子置下加九雞子其上左右懼慴息靈公氣息不續公曰危哉危哉荀息曰不危也復有危於此者公曰願見之荀息曰九層之臺三年不成男不耕女不織國用空虛鄰國謀議將興社稷亡滅君欲何望靈公曰寡人之過也乃至於此卽壞九層臺也得臣則安然不可以書傳也臣故載來秦王弗信使舍食草具【索隱】謂亦舍之而食以下客之具然草具謂麤食草菜之饌具也待命歲餘

范睢蔡澤列傳

秦陵軍問楚楚知須賈交以無怡具道

魏齊辱我於廁中公不止罪二也更醉而溺我公其何忍乎罪三矣然公之所以得無死者以綈袍戀戀有故人之意故釋公乃謝罷入言之昭王罷歸須賈須賈辭於范睢范睢大供具盡請諸侯使與坐堂上食飲甚設而坐須賈於堂下置莝豆其前令兩黥徒夾而馬食之

同上

食

蘇秦列傳從燕文侯：北有棗栗之利，民雖不佃作，而足於棗栗矣。

張儀列傳說韓王：韓地險惡山居，五穀所生，非菽而麥，民之所食，大抵飯菽藿羹。一歲不收，民不饜糟糠。地方不過九百里，無二歲之食。

飲食

食與畫

酒正掌酒之政令以式灋授酒材式法作酒之法式作酒既有米麴之數又有功沽之巧月令曰乃命大酋秫稻必齊麴蘖必時湛饎必潔水泉必香陶器必良火齊必得鄭司農云授酒人以其材。沽音古酋將由反下同秫音述齊戚才細反下皆同一讀此如字蘖魚列反湛接廉反饎昌志反疏酒正至酒材。釋曰酒正辨四飲則漿之政令亦掌之今直言掌酒之政令不言漿之政令者但據酒之尊者而言其實漿亦掌之云以式法授酒材者式法謂造酒法式謂米麴多少及善惡也酒材即米麴蘖授與酒人使酒人造酒既言兼掌漿人則漿之法式及漿材亦授之不言者亦舉尊言也。注式法至其材。釋曰云作酒既有米麴之數者謂此爲法式也云又有功沽之巧者功沽謂善惡善惡亦是法式也引月令者十一月之令言乃命大酋監之者彼注酒孰曰酋於周禮則爲酒人案下注昔酒今之酋久白酒則酋者久遠之稱則是久孰者善故名酒官爲大酋若然彼注爲酒人此酒正引之者此酒正以法式及酒材授與酒人使造酒故引酒人云秫稻必齊者必使齊孰麴蘖必時者造之必得時湛饎必絜者湛漬饎炊也謂清米炊釀之時必須絜淨水泉必香者謂漬麴漬米之水必須香美陶器必良者酒甕陶中所燒器者必須成熟不津云火齊必得者謂釀之時生熟必宜得所也

凡爲公酒者亦如之謂鄉射飲酒以公事作酒者亦以式法及酒材授之使自釀之。釀女亮反疏凡爲至如之。釋曰言凡爲公酒者謂爲公事而作酒言凡非一謂若鄉飲酒鄉射之等言亦如之者亦以式法授酒材。注謂鄉至釀之。釋曰言鄉射飲酒者謂鄉飲酒鄉射飲酒鄉飲酒中有黨正飲酒賓賢能飲酒鄉射飲酒中有州長春秋習射於序又有鄉大夫三年賓賢能後以五物詢衆庶用州長射禮並是鄉射飲酒若然州長黨正飲酒而謂之鄉者或是鄉大夫所居州黨或是鄉大夫親來臨禮並得鄉名故謂之鄉此數事者皆爲國行禮不可橫斂於民故得公酒其百家爲族不得公酒族祭酺神之時合錢飲酒

辨五齊之名一曰泛齊二曰醴齊三曰盎齊四曰緹齊五曰沈齊泛者成而滓浮泛泛然如今宜成醪矣醴猶體也成而汁滓相將如今恬酒矣盎猶翁也成而翁翁然蔥白色如今酇白矣緹者成而紅赤如今下酒矣沈者成而滓沈如今造清矣自醴以上尤濁縮酌者盎以下差清其象類則然古之法式未可盡聞杜子春讀齊皆爲粢又禮器曰緹酒之用玄酒之尚玄謂齊者每有祭祀以度量節作之。泛芳劒反盎烏浪反緹音體醪魯刀反翁烏動反下同一音於勇反酇白即今之白醝酒也宜作醝作酇假借也在何反差初賣反疏辨五至沈齊。釋曰言辨五齊之名者酒正不自造酒使酒人爲之酒正直辨五齊之名知其清濁而已云一曰泛齊者泛讀如泛泛揚州之泛言泛者謂此齊孰時滓浮在上泛泛然二曰醴齊者醴體也此齊孰時上下一體汁滓相將故名醴齊又此醴齊作時恬於餘齊與酒味稍殊故亦入於六飲三曰盎齊巳下其類可知。注泛者至作之。釋曰言泛者成而滓浮者此五齊皆言成者謂酒孰曰成云如今宜成醪矣者宜成讀以爲地名故曹植酒賦曰宜成醴醪蒼梧縹清若馬融所云今之宜成會稽稻米清似宜成以爲酒名故劉杳要雅亦以宜成爲酒名二者未知孰是今鄭云宜成醪矣亦未知鄭意酒名地名類下鄭白則爲地名云如今恬酒矣者但於五齊中爲恬故以恬酒況之云如今酇白矣者漢時蕭何所封南陽地名鄭云如今下酒矣者下酒謂曹牀下酒其色紅赤故以緹名之案鄭下注五伯緹衣亦赤黑色也云如今造清矣者漢時造清孰則滓[illegible]故以況沈齊也云自醴巳上尤濁縮酌者言自醴以上唯有泛齊泛齊滓浮則濁于醴齊汁滓相將者此二者皆以茅泲之故司尊彝云醴齊縮酌郊特牲云縮酌用茅明酌也謂以事酒之上清明者和醴齊以茅泲之使可酌鄭彼注云泛從醴是二者皆縮酌故云自醴巳上尤濁縮酌也云盎以下差清者案司尊彝云盎齊涚酌鄭注涚清也謂

以清酒泲之則不用茅以其盎已淸故也鄭彼注又云泛從醴緹沈從盎則亦用清酒泲之云其象類則然者謂五者皆舉漢法況之是其象類則然者也云古之法式未可盡聞者雖舉漢法漢承周後多得古之法只可略聞故云未可盡聞也杜子春讀齊皆爲粢云禮器曰緹酒之用玄酒之尚者子春意見禮運云粢醍在堂又見禮器云醴酒之用又粢穀爲醍酒則其餘四齊皆以粢穀爲之故讀齊皆爲粢玄謂齊者每有祭祀以度量節作之謂祭有大小齊有多少謂若祫祭備五齊禘祭備四齊時祭備二齊是以度量節作之不從子春爲粢者禮運唯有醍齊稱粢於此五者皆稱齊子春破五齊從一粢於義不可故鄭於禮運注粢當爲齊破一粢從五齊於義可也此五齊與下三酒及春官鬯人所造鬯酒所以異者五齊三酒俱用秫稻麴蘖又三酒味厚人所飲者也五齊味薄所以祭者也是以下經鄭注云祭祀必用五齊者至敬不尚味而貴多品五齊對三酒酒與齊異通而言之五齊亦曰酒故禮坊記云醴酒在室醍酒在堂是也其鬯酒者自用黑黍爲之與此別也

辨三酒之物一曰事酒二曰昔酒三曰清酒

鄭司農云事酒有事而飲也昔酒無事而飲也清酒祭祀之酒玄謂事酒酌有事者之酒其酒則今之醳酒也昔酒今之酋久白酒所謂舊醳者也清酒今中山冬釀接夏而成○醳音亦徐音昔

疏 辨三酒至清酒釋曰辨者豫先之名物者財也以三酒所成有時故豫給財令作之也言一曰事酒者此三酒並人所飲故下云共王四飲三酒也但事酒酌有事人飲之故以事上名酒也二曰昔酒者久釀乃熟故以昔酒爲名酌無事之人飲之三曰清酒者此酒更久於昔故以清爲號祭祀用之此昔酒清酒皆以酒上爲名也○注鄭司至而成○釋曰先鄭云有事而飲者謂於祭祀之時乃至卑賤執事之人祭末並得飲之昔酒無事而飲者亦於祭末羣臣陪位不得行事者並得飲之清酒祭祀之酒者亦於祭祀之時賓長獻尸尸酢賓長不敢與王之臣共器尊同酌齊故酌清以自酢故云祭祀之酒故司尊彝云皆有罍諸臣之所酢此三酒皆盛於罍尊在堂下但此清酒受尸酢故以祭祀言之玄謂事酒酌有事者之酒者先鄭云有事而飲據有事時飲之後鄭云酌有事者之酒謂有事之人但是有事之人雖不當祭時亦酌酒與之是就足先鄭義也云其酒則今之醳酒者事酒冬釀春成以漢之醳酒況之云昔酒今之酋久白酒者言昔爲久酋亦遠久之義故以漢之酋久白酒況之但昔酒對事酒爲清若對清酒則爲白故云酋久白酒也故晉語云味厚寔昔毒酒久則毒也云所謂舊醳者案禮記郊特牲云猶明清與醆酒于舊醳之酒也彼上注云明酌者事酒之上也醆酒盎齊泲于舊醳之酒三酒除事酒清酒則云舊醳是昔酒可知也對事酒爲新醳昔酒爲舊醳清酒不得醳名云清酒今中山冬釀接夏而成者以昔酒爲久冬釀接春明此清酒久於昔酒自然接夏也中山郡名故魏都賦云醇酎中山沈湎千日

辨四飲之物一曰清二曰醫三曰漿四曰酏

清謂醴之泲者醫內則所謂或以酏爲醴凡醴濁釀酏爲之則少清矣醫之字從殹從酉省也漿今之截漿也酏今之粥內則有黍酏酏飲粥稀者之清也鄭司農說以內則曰飲重醴稻醴清糟黍醴清糟粱醴清糟或以酏爲醴漿水臆后致飲于賓客之禮有醫酏糟糟音聲與湆相似醫與臆亦相似文字不同記之者各異耳此皆一物○醫於巳反徐於計反注同酏以支反泲子禮反下同殹烏兮反徐爲倒反本或作毉省所景反截昨再反粥之六反劉音育稀音希湆音糟下同洗子由反臆本又作醷於紀反徐於力反

疏 辨四至曰酏○釋曰案漿人有六飲此言四者以漿人注酒正不辨水涼者無厚薄之齊故此唯辨四飲之物也云一曰清則漿人云醴清也二曰醫者謂釀粥爲醴則爲醫三曰漿者今之截漿四曰

酏者即今薄粥也。注清謂至一物。釋曰言清謂醴之泲者此鄭據漿人解之漿人云醴此云清故云清謂醴之泲者
云醫內則所謂或以酏爲醴者按內則上言飲下云重醴清糟又云或以酏爲醴彼酏爲醴在飲中而在清糟下此醫又
在清下故知酏爲醴當此醫云凡醴濁釀酏爲之則少清矣者謂經中醫釀粥爲之與醴少異也又云醫之字從殹從酉
省也者從殹省者去羽從酉省者去水故云從殹從酉省也云漿今之截漿也者此漿亦是酒類故其字亦從載從酉省
截之言載米汁相載漢時名爲截漿故云今之截漿也云酏今之粥內則有黍酏酏飲粥稀者之清也者案內則黍酏在
飲中故知此酏當內則黍酏以其爲飲故知粥稀者之清也鄭司農說以內則曰飲重醴稻醴清至或以酏爲醴穛當此
經一曰清云漿當此經中漿水於此經無所當連引之耳。醷當此經中醫云后致飲于賓客之禮有醫酏糟此引下文欲
取糟與內則濫一物故云糟音聲與濫相似云醫與醷亦相似者與此經醫爲一物云文字不同記之者各異耳此皆一
物者內則彼云濫。此云糟。內則云醷此云醫是其文字不同皆一物也內則云重醴者清糟並設則稻醴清糟黍醴清糟
粱醴清糟是其重醴也向者後鄭解或以酏爲醴爲醫今先鄭以爲醴共重醴爲一物又後鄭於內則注醷爲梅漿亦與
先鄭不同以無正文故引之在下亦得爲一義故也

掌其厚薄之齊以共王之四飲三酒之饌及后世子之飲與其酒

后世子不言饌其饋食不必具設之五齊正用醴爲飲者取醴恬與酒味異也其餘四齊味皆似酒

疏 掌其至其酒。釋曰言掌其厚薄之齊者從五齊已下非酒正所造並是酒人漿人所作故云直辨其厚薄之齊云以供王之四飲三酒
之饌者謂饌陳具設之也云及后世子之飲與其酒者不言四飲三酒直言飲與酒復不言饌鄭云不必具設之是以不
言饌與數也。注后世至似酒。釋曰云五齊正用醴爲飲者取醴恬與酒味異也者鄭意五齊之中不用餘四齊以其
醴恬故取入六飲其餘四齊味皆似酒者三酒味厚五齊味薄故言似酒醴恬全與酒味別也

凡祭祀以灋共五齊三酒以實八尊大祭三貳中祭再貳小祭壹貳皆有酌數唯齊酒不貳皆有器量

酌器所用注尊中者數量之多少未聞鄭司農云三貳三益副之也大祭天地中祭宗廟小祭五祀齊酒不貳
爲尊者質不敢副益也杜子春云齊酒不貳謂五齊以祭不益也其三酒人所飲者益也弟子職曰周旋而貳唯嗛之視
玄謂大祭者王服大裘袞冕所祭也中祭者王服鷩冕毳冕所祭也小祭者王服希冕玄冕所祭也三貳再貳一貳者謂
就三酒之尊而益之也禮運曰玄酒在室醴醆在戶粢醍在堂澄酒在下澄酒是三酒也益之者以飲諸臣若今常滿尊
也祭祀必用五齊者至敬不尚味而貴多品。貳徐音二下同爲于僞反嗛苦簟反袞古本反鷩必列反徐劉方利反毳
充芮反希本又作絺同張里反醆側產反粢才許反醍音體本亦作緹飲於鴆反。

疏 凡祭至器量。釋曰言凡祭祀者謂天地及宗廟等揔目之言云以法共五齊三酒者但祭有小大齊有多少各有常法故云以法共五齊三酒云以
實八尊者五齊五尊三酒三尊故云以實八尊此除明水玄酒若五齊加明水三酒加玄酒此八尊爲十六尊不言之者
舉其正尊而言也云大祭三貳者大祭謂王服大裘袞冕所祭者也三貳者貳副也就三酒人所飲者三度副益之云中祭再
貳者中祭謂王服鷩冕毳冕所祭者也再貳亦謂就三酒之中再度益之云小祭壹貳者小祭謂王服希冕玄冕所祭者也云
皆有酌數者謂三酒之祭副益等尊皆有酌器盛酒益尊故言皆酌云數者謂多少之數有□齊酒不貳者齊酒所祭祀非人
所飲故不副益之皆有器量者器謂酌齊酒注於尊中量謂皆有多少之量。注酌至品。釋曰云酌器者釋經皆有酌器二者
所用注五齊三酒於尊中云數量之多少未聞者數之與量皆是多少之言但未聞升數耳鄭司農云三貳三益副之也皆先
鄭之意注酒於尊中爲副子春後鄭亦與之同云大祭天地等者先鄭意天地爲大祭宗廟爲中祭五祀爲小祭其貳天地自
有大祭小祭宗廟亦有次小云齊酒不貳爲尊者質不敢副益也者以其主獻尸所用少故不副益杜子春引弟子職者是管

子書弟子職篇謂弟子□□□飲酒之時弟子用注周旋而貳者欲副益酒尊之時嫌謂不滿唯酒尊不滿者視之更益玄謂大祭者王服大裘袞冕所祭巳下至玄冕所祭並據司服六冕差之冕服有大天地宗廟各有三等故以六冕配之按司服王祀昊天上帝則服大裘而冕祀五帝亦如之祀先王則袞冕祭地亦用大裘是天地宗廟皆有大祭一也云中祭者王服鷩冕毳冕所祭也是按司服先公則鷩冕四望山川則毳冕是地與宗廟亦祭二也但天之次祀不見衣服者日月是天之次祀以其大報天主日配以月服大裘故春分朝日秋分夕月兼服玄冕故天之次祀中不見衣服云小祭者王服希冕玄冕所祭也者按司服社稷五祀則希冕羣小祀則玄冕鄭彼注山林川澤之屬鄭雖不言風師雨師等之屬中兼之也惟見天地小祭不

見宗廟小祭馬融以為宗廟小祭謂祭殤是也祭殤之時或可亦用玄冕若然則禮器云一獻質謂祭羣小祀當玄冕三獻文謂祭社稷五祀當希冕五獻察謂祭四望山川當毳冕七獻神謂祭先公當鷩冕雖不言九獻下云大饗其王事與大饗謂祫祭先王為九獻當袞冕禮器下文云大饗不足以大旅大旅當大裘據此一獻至九獻以此獻數約之故六服差為三按司服山川服毳冕五獻社稷服希冕三獻社稷在山川下按大宗伯以血祭祭社稷五祀五嶽而社稷在五嶽上者五嶽與土地異形若畿外諸侯服獻則尊於王朝之臣社稷號曰土神似若王朝之臣服獻則卑於五嶽而在五嶽上者似若王人雖微猶叙諸侯之上按王制宗廟之牛角握國語山川之牛角尺社稷尊於五嶽者彼自從國中之神莫貴於社故與宗廟同用握引禮運曰玄酒在室者謂鬱鬯在室中而玄酒即明水也配鬱鬯故在室醴醆在戶者醴謂醴齊醆謂盎齊並在戶也粢醍在堂者粢當為齊齊醍在堂也澄酒在下者澄謂沈齊酒謂三酒二者並在堂下也云澄酒是三酒也者案鄭志趙商問禮運注澄是沈齊今此注澄酒是三酒何鄭荅今解可去澄字若然鄭本於此注時直云酒是三酒無澄字有澄字者誤當云酒是三酒云益之者以飲諸臣者言益之解經中貳案司尊彝云皆有罍諸臣之所酢是飲諸臣也云若今常滿尊也者言益之故常滿故以漢法況之云祭祀必用五齊者至敬不尚味而貴多品者鄭意五齊味薄於三酒而數多但鬼神享德不享味故須至極敬而已是云引郊特牲云至敬不尚味而貴多品也

共賓客之禮酒共后之致飲于賓客之禮醫酏糟皆使其士奉之

禮酒王所致酒也王致酒后致飲夫婦之義糟醫酏不泲者泲曰清不泲曰糟后致飲無醴醫酏不清者與王同體屈也亦因以少為貴士謂酒人漿人奄士 **疏** 共賓至奉之○釋曰云共賓客之禮酒者謂王有故不親饗燕傳人致酒於客館云共后之致飲于賓客之禮醫酏糟者言致飲之中取二飲以致之云醫酏糟者謂醫酏不泲者也云皆使其士奉之者酒使酒人漿使漿人皆奄士故云使其士奉之○注禮酒至奄士○釋曰言禮酒王所致酒也者下酒人云賓客之陳酒彼言陳謂若致饗餼列陳於客館中言禮酒不言陳謂饗燕之酒王當親饗燕王有故則使人就館以酬幣致之云王致酒后致飲夫婦之義者酒是陽故王致之飲是陰故后致之是陰陽相成故云夫婦之義云后致飲無醴醫酏不清者與王同體屈也者言后致飲無醴醫酏不清者對下漿人共夫人致飲於賓客之禮清醴醫酏糟而奉之謂夫人卑於后致三飲醫酏糟上加之以清醴今后尊唯有醫酏二飲無清醴既無清醴醫酏當清今皆不清者以其后尊夫妻片合與王同體故屈夫人卑與王不同體得申故加之以清醴也云亦因以少為貴者案禮器云有以少為貴者天子無介祭天特牲是以少為貴則夫人三飲后二飲是因以少為貴云士謂酒人漿人奄士者案序官酒人奄十人漿人奄五人皆不言士此經注皆士者為官首當是士但非賢故不言士內小臣是奄而稱士鄭云異其賢

凡王之燕飲酒共其計酒正奉之

共其計者獻酬多少度當足也故書酒正無酒字鄭司農云正奉之酒正奉之也○度徒洛反 **疏** 凡王至奉之○釋曰謂王與羣臣燕飲之酒共其計者謂

計羣臣多少以足爲度酒正奉
之者以其共王故酒正自奉之
凡饗士庶子饗耆老孤子皆共其酒無酌數
要以醉
爲度
疏
凡饗至酌數
釋曰言饗士
庶子謂若宮伯宿衛王宮者士適子庶子其支庶云饗耆老孤子者謂
外饗注耆老謂國老孤子者謂死王事之子王皆饗養之則共其酒
掌酒之賜頒皆有灋以行之
灋尊卑
之差
疏
掌酒至行之○釋曰云賜頒皆有法以行之者謂以酒頒羣臣也皆有法
以行之者尊者得多卑者得少多少皆有常法言以行之者謂依法給之
凡有秩酒者以書契授之
鄭司
農云
有秩酒者給事中亐之酒秩常也常受酒者國語曰至于今秩之玄謂所
秩者謂老臣王制曰七十不俟朝八十月告存九十日有秩○朝直遥反
疏
凡有至授之○釋曰秩常也謂若老臣年
九十巳上常與之酒云以書契授之者謂
酒正授使者酒書之多少以爲契要而與之故云以書契授之○注鄭司至有秩○釋曰鄭司農云有秩酒者給事中亐
之酒秩常也常受酒者司農之意謂在朝羣臣親近於王總名給事中王常以酒與之故云常受酒者又引國語者案楚
語云闞且廷見令尹子常聞子常畜貨聚馬闞且廷以爲非遂陳令尹子文之行云昔闞子文三舍令尹無一日之積成
王聞子文行於是每朝設脯一束糗一筐以羞子文至於今秩之後鄭皆不從之者給事中與之酒不言秩因朝而羞子
文又非酒故不從之矣引王制曰七十不俟朝者謂不待朝事畢即去八十月告有者謂
月月使報告老人有否九十日有秩者謂日日有秩膳即此經秩酒是也故引以爲證
酒正之出日入其成月
入其要小宰聽之
出謂授酒材及用酒之多少也受用酒者
日言其計於酒正酒正月盡言於小宰
疏
酒正至聽之○釋曰言酒正之出者謂授酒材
與酒人及出酒與人云日入其成者謂酒人用
多少日計所用酒以此成入於酒正云月入其要者謂酒正得酒人日計文書日計其月要至月盡以月計文書入於小
宰故云月入其要小宰聽之者小宰得酒正文書聽斷之知其得失○注出謂至小宰○釋曰言出謂授酒材者謂授酒
人以其材酒正職首所言者是也及用酒之多少者謂若共五齊三酒以下是也云受用酒者日言其計於
酒正者受用酒謂用酒多少是酒人也故曰言其計於酒正也云酒正月盡言於小宰者釋經月入其要
歲終則會
唯王及后之飲酒不會以酒式誅賞
誅賞作酒
之善惡者
疏
歲終至誅賞○釋曰直言唯王及后不會不云世子
以其酒與膳異膳羞食之正則世子亦不會膳禽食
之加世子會之酒亦爲加故亦會之以酒式誅賞者
作酒有舊法式依法善者則賞之惡者則誅責之
酒人掌爲五齊三酒祭祀則共奉之以役世婦
世婦謂宮卿之官掌女宮之宿戒及祭祀比其具酒人
共酒因留與其奚爲世婦役亦官聯○比必履反又
毗志反徐
扶利反
疏
酒人至世婦○釋曰言爲五齊三酒者爲猶作也云祭祀則共奉之者謂酒人共而奉之云以役世婦者
屬春官宮卿官也酒人以奚送酒至世婦因爲世婦所役使○注世婦至官聯○釋曰云世婦謂宮卿之
官者所謂春官云每宮卿一人故云世婦謂宮卿之官也云掌女宮之宿戒者此亦世婦職文引此者
其職云及祭比其具則此酒等是故送酒以往爲世婦所役言亦官聯者即小宰云祭祀之聯事是也
共賓客之禮
酒飲酒而奉之
酒正使之也禮酒饗燕之酒飲酒食之酒此謂給賓客之稍王不親饗燕不親
食而使人各以其爵以醻幣侑幣致之則從而以酒往○親食音嗣侑音又
疏
共賓至奉之
釋曰云共賓

客之禮酒飲酒者此二者酒正使酒人奉授賓客。注酒正至酒往。釋曰知酒正使之者酒正云共賓客之禮酒使其士奉之士即此酒人也彼不言飲酒者禮酒中可以兼之矣云禮酒饗燕之酒者謂饗燕食賓之酒也云飲酒食之酒者謂食時有酒者曲禮云酒漿處右則此非獻酬酒是醑口之酒也云此謂給賓。之稍者此禮酒飲酒捴言王若不親燕飲食則使人致之於客館任賓客稍稍用之故云給賓客之稍云王不親饗燕不親食者謂王有故不得速賓親行此三者云使人各以其爵以酬幣侑幣致之者此並聘禮文案彼云若不親食使大夫各以其爵朝服致之以侑幣致饗以酬幣亦如之彼雖無致燕法案鹿鳴燕羣臣嘉賓有實幣帛則致燕亦以酬幣致之與饗同云各以其爵者則諸侯來朝遣三公致饗卿來聘遣卿大夫致饗燕以酬幣致食以侑幣故云酬幣侑幣致之云則從而以酒往者謂酒人以酒從使人欲往客館授與賓客

凡事共酒而入于酒府入于酒正之府者是王燕飲之酒酒正當奉之疏凡事至酒府。釋曰此謂酒正所奉者則酒正云凡王之燕飲酒酒正奉之并共王之四飲三酒之饌亦是酒正奉之以其事非一故言凡事共酒入於酒正之府

凡祭祀共酒以往不言奉小祭祀疏凡祭至以往。釋曰上云祭祀共奉之謂大祭次祭此不言奉謂小祭祀王玄冕所祭者故云共酒以往

賓客之陳酒亦如之謂若歸饔餼之酒亦自有奉之者以酒從往疏賓客至如之。釋曰謂上公饔餼九牢之等案聘禮云卿韋弁歸饔餼牲牢及芻薪米禾等並歸於客館彼入壼設於西序北上天子致禮於諸侯亦當陳於西序故云賓客之陳酒亦如之者亦以酒從使人往。注謂若至從往。釋曰經直云賓客陳酒不指斥言饔餼鄭不敢正言故言若饔餼之酒云亦自有奉之者謂使卿韋弁歸之者是也云以酒從往者謂卿韋弁歸饔餼等之時亦使人以此酒從往致之

鄉飲

閭胥職條

凡事掌其比觵撻罰之事 觵撻者失禮之罰也觵用酒其爵以兕角爲之撻扑也故書或言觵撻之罰事杜子春云當言觵撻罰之事○觵古橫反撻吐達反扑普卜反【疏】凡事至之事○釋曰言凡非一則是鄉飲酒及鄉射飲酒有失禮者須罰之故云凡事云掌其比者人聚則有校比之法皆掌之云觵撻罰之事者凡有失禮者輕者以觵酒罰之重者以楚撻之故雙言觵撻罰之事○注觵撻至之事釋曰鄭知觵用酒者以其古者失禮之罰罰用酒又知其爵以兕角爲之者見詩云兕觵其觩故知用兕牛角爲觵爵也云撻扑也尚書云扑作教刑孔云扑榎楚故知此撻亦扑也云故書或言觵撻之罰事杜子春云當言觵撻罰之事者子春之意以觵罰在之上於義爲切故從經爲正者也

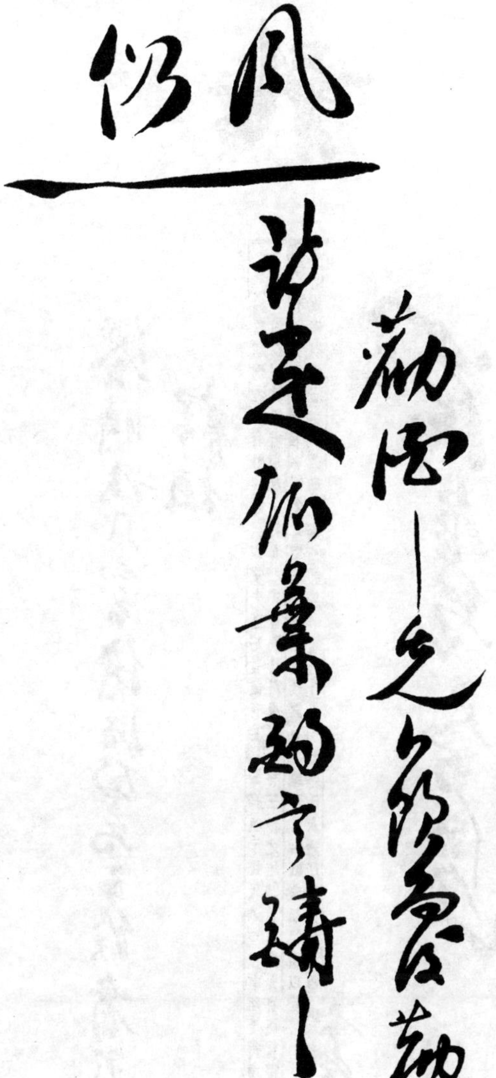

食

饗時設几而不倚，爵盈而不飲，肴乾而不食，故

歸俎

禮

歸婦俎于婦氏人 言俎則饗禮有牲矣婦氏人丈夫送婦者使有司歸以婦俎當以反命於女之父母明其得禮 疏 歸婦俎于婦氏人○注言俎至得禮○釋曰案雜記云大饗卷三牲之俎歸于賓館是賓所當得也饗時設几而不倚爵盈而不飲肴乾而不食故歸俎此饗婦婦亦不食故歸也經雖不言牲既言俎俎所以盛肉故知有牲此婦氏人即上婦所授脯者也故上注引此婦氏人證所授人爲一也

士昏禮（儀禮）

此食皆人所飲食

乃指婦人所飲食而言

食礼

折俎

儀禮凡鄉飲酒禮，乃謂折俎，陞牲體枝解節折在俎。燕及解牲體之半者全蒸，其豚解為二十一體之體解，即此折俎是也。其實每為一俎，脊脅肩各俎，脊脅肫胳足體解也。

舍

礼（商業）

息｜勞

不殺‖市買若因所有｜則無俎

徵唯所欲｜徵者不親友

主人釋服 釋朝服更服玄端也古文釋作舍 疏 主人釋服○釋曰自此已下至鄉樂唯所欲論後日息司正徵唯所欲更行飲酒之禮○注釋朝至作舍○釋曰言釋朝服更服玄端也者以其昨日正行賓舉飲酒之禮相尊敬故朝服此乃燕私輕故玄端勞也 乃息司正 息勞也勞賜昨日贊執事者獨云司正司正庭長也 疏 注息勞至長也○釋曰鄭云勞賜昨日贊執事者者案下記云主人之贊者西面北上不與鄭注云主人之屬佐助主人禮事徹冪沃盥設薦俎者與及也不及請不獻酒明此時勞可知今獨言司正司正是庭長故獨言之也 無介 勞禮略也司正爲賓 疏 注勞禮至爲賓○釋曰此勞時司正爲賓當立介以輔賓無介者勞禮略故也 不殺 市買若因所有可也不殺則無俎 疏 注市買至無俎○釋曰市買無正文鄭以意言之云不殺則無俎者其殺則俎以盛骨體旣言不殺故知無俎也 薦脯醢 羞同也 疏 注羞同也○釋曰以其脯醢與正行飲酒同有此薦故云羞同也 羞唯所有 在有何物 疏 注在有何物○釋曰羞謂上文正行飲酒之時用狗胾今不殺故言羞唯所有也云在有何物者雜物皆是也 徵唯所欲 徵召也 疏 注徵召也○釋曰昨日正行飲酒不得喚親友故今禮食之餘別召知友故言徵唯所欲也

鄉飲酒禮（儀禮十）

食札

骨体所以致敬
庶羞所以尽爱

羞庶羞謂膳肝膋狗胾醢也骨體所以致敬也庶羞所以盡愛也敬之愛之厚賢之道疏○羞庶羞注謂膳至之道○釋曰案大射云羞庶羞注云所進衆羞謂膳肝膋狗胾醢也或有炮鼈膾鯉雉兔鶉鴽大射先行燕禮明與彼同此注不言炮鼈已下注文不具鄭知有此物者以經云庶羞不唯二豆而已案內則爲肝膋取狗肝一幪之以其膋濡炙之舉燋其膋不蓼注云膋腸閒脂此及大射其牲皆用狗故知有肝膋狗胾知有炮鼈膾鯉者詩云吉甫燕喜飲御諸友炮鼈膾鯉又內則及公食大夫上大夫二十豆有雉兔鶉鴽禮記王制云庶羞不踰牲此燕用狗必可有此物而已鄉飲酒鄉射亦有狗但經直云羞不云庶是以鄭注云胾醢明二豆無餘物也云骨體所以致敬也者據未坐以前庶羞所以盡愛據說屨已後也

燕礼（仪礼十五）

昏礼

左成十二

享以訓共儉—體薦—宴以示慈惠—折俎

食礼

坐相勸酒

公坐取賓所媵觶興唯公所賜受者如初受酬之禮降更爵洗升酌膳下再拜稽首小臣正辭升成拜公荅拜乃就席坐行之（坐行之若今坐相勸酒）

大射（儀礼十八）

會札

卿折俎未聞

乃薦脯醢卿升席庶

儀礼十七大射

子設折俎卿折俎未聞蓋用脊脅臑折肺卿有俎者射禮尊疏乃薦至折俎○注卿折至禮尊○釋曰云卿折俎未聞者以燕禮卿無俎故云未聞又云蓋用脊脅臑折肺者案鄉射記云賓俎脊脅肩肺主人俎脊脅臂肺又獲者之俎○脊脅肺臑彼注云臑若膊胳觳之折以大夫之餘體以此言之則此賓俎亦用脊脅肩肺君俎亦脊脅臂肺前體有肩臂臑後體有膊胳觳尊卑以次用之故卿宜用臑若有公公用臑卿宜用膊也云卿有俎者射禮尊者對燕禮不辨尊卑故公卿等皆無俎也

食礼

古者与人饮食必归其盛也

賓取俎還授司正司正以降自西階賓從授賓家從來者也古者與人飲食必歸其盛者所以厚禮之疏注授賓至禮之○釋曰云古者與人飲食必歸之降遂立于階西東面司正以俎出授從者其盛者所以厚禮之者鄉飲酒燕禮大射賓客皆有俎徹歸客之左右是肴之貴是歸其盛者公食大夫既食有司卷三牲之俎歸于賓館故揔云古者與人飲食必歸其盛者所以厚禮之也、

鄉射礼段抄之

會禮

燕主於羞

乃薦脯醢卿升席坐左執爵右祭脯醢遂祭酒不啐酒降席西階上北面坐卒爵興坐奠爵拜執爵興主人荅拜受爵卿降復位不酢辟君也卿無俎者燕主於羞 疏 乃薦至復位○釋曰此云卿薦脯醢不言其人畧之故下記辨之云羞卿者小膳宰是也○注不酢至於羞○釋曰案上主人獻公主人酢于阼階下此卿不酢故決之云卿無俎者燕主於羞者決大射庶子設俎辨尊卑故與此異

燕禮

燕禮十五

食

祭祀

八年春正月己卯烝烝者何冬祭也春曰祠薦尚韭卵祠猶食也猶繼嗣也春物始生孝子思親繼嗣而食之故曰祠因以別死生○烝之承反冬祭也祠嗣絲反卵力管反猶食音飼下同別彼列反夏曰礿薦尚麥苗麥始熟可礿故曰礿○礿音弋若反本又作禴同疏烝者何○解云欲言宗廟之祭而文無所繫欲言祭天天無烝名故執不知問○注薦尚韭卵又注薦尚麥至曰礿○解云王制云春薦韭夏薦麥秋薦黍冬薦稻韭以卵麥以魚黍以豚稻以鴈秋曰嘗薦尚黍肫嘗者先辭也秋穀成者非一黍先熟可得薦故曰嘗冬曰烝薦尚稻烝衆也氣盛貌冬萬物畢成所薦衆多芬芳備具故曰烝無牲而祭謂之薦天子四祭四薦諸侯三祭三薦大夫士再祭再薦祭於室求之於幽祭於堂求之於明祭於祊求之於遠皆孝子博求之意也大夫求諸明士求諸幽尊卑之差也殷人先求諸明周人先求諸幽質文之義也禮天子諸侯卿大夫牛羊豕凡三牲曰大牢天子元士諸侯之卿大夫羊豕凡二牲曰少牢諸侯之士特豕天子之牲角握諸侯角尺卿大夫索牛○祊必庚反少詩照反索所百反疏注無牲至之薦○解云謂無牛羊豕之牲也而中霤禮云祭五祀于廟用牲有尸皆薦于奧何以薦用牲彼謂正祭之時先薦于奧仍自無牲其正祭五祀乃用牲有尸耳○注天子至差也○解云皆時王之禮中霤禮亦然○注殷人至義也○解云即郊特牲云殷人先求諸陽周人先求

諸陰是也○注禮天至大牢○解云皆時王之禮也○注天子至索牛○解云皆指祭宗廟之牲也仍不妨王制云祭天地之牛角繭栗賓客之牛角尺之文也常事不書此何以書譏何譏爾譏亟也亟數也屬十二月已烝今復烝也不異烝祭名而言烝者取冬祭所薦衆多可以包四時之物○亟去冀反數也注及下同數所角反屬十音燭下同今復扶又反下同疏注屬十至烝也○解云烝者冬祭之名洎去年十二月已有烝但得常不書今正月復作烝故言亟○注不異至包○解云烝者冬時祭名前已作訖今宜易名而猶言烝故說之也亟則黷黷則不敬黷渫黷也○黷徒木反渫息列反君子之祭也敬而不黷君子生則敬養死則敬享故將祭宮室既脩牆屋既繕百物既備序其禮樂具其百官散齊七日致齊三日夫婦齊戒沐浴盛服君牽牲夫人奠酒君親獻尸夫人薦豆卿大夫相君命婦相夫人洞洞乎屬屬乎如弗勝如將失之濟濟乎致其敬也愉愉乎盡其忠也勿勿乎其欲饗之也文王之祭事死如事生孝子之至也○養餘亮反散齊素旦反下側皆反相息亮反下同洞洞大董反勝音升濟濟子禮反又似兮反愉愉羊朱反勿勿如字疏注君子至敬享○解云祭義文也彼鄭注云享猶祭也○注故將祭至百官○解云皆出祭義何氏差約言之也○注散齊七日○解云即祭統云故散齊七日以定之注云定者定其志意也定其志意者謂齊之日不御不樂不弔是也○注致齊三日○解云即祭統云致齊三日以齊之是致齊者即鄭氏云致之言至致謂深也審也之屬是也○注夫婦至奠酒○解云案今祭義酒作盎字鄭注云奠盎設盎齊之時盎所見異或何休以義引之不取正文○注君親至如事生○解云皆出祭義唯孝子之至一句注者之言也注禮本下爲士制者即士喪禮士虞士相見之屬是也言此者欲道庶人無禮篇故傳家偏舉言之即曲禮上篇禮不下庶人鄭注云爲其遽於事且不能備物義亦通於此疏則怠怠則忘怠解○疏音疏下注同解古賣反士不及茲四者則冬不裘夏不葛禮本下爲士制茲此也四者四時祭也疏數之節靡所折中是故君子合諸天道感四時物而思親也祭必於夏之孟月者取其見新物之月也裘葛者禦寒暑之美服士有公事不得及此四時祭者則不敢美其衣服蓋思念親之至也故孔子曰吾不與祭如不祭○折中之設反下丁仲反御

桓八

飲酒禮

飲酎與獻酎之別

將飲酎命樂師習合禮樂

〇乃命樂師習合禮樂爲將飲酎〇爲于僞反下爲逆爲妨爲傷下文爲天子皆同酎直又反重釀之酒

〇是月也天子飲酎用禮樂酎之言醇也謂重釀之酒也春酒至此始成與羣臣以禮樂飲之於朝正尊卑也孟冬云大飲烝此言用禮樂互其文〇醇音純重直龍反或直用反醲女亮反朝直遥反蒸之承反後皆同【疏】注酎之至其文正義曰酎音近稠稠醲厚故爲醇也詩豳風云爲此春酒至此始成以用禮樂故飲之於朝正尊卑故左傳云朝以帥長幼之序若漢嘗酎及春秋見於嘗酎皆謂在廟祭而獻酎與此別也孟冬云大飲蒸此言用禮樂明孟冬亦用禮樂故云互其文

月令孟冬

祭祀（犧牲）

仲秋之月宰祝循行犧牲

犧牲

芻豢

○是月也乃命宰祝循行犧牲視全具案芻豢瞻肥瘠察物色必比類量小大視長短皆中度五者備當上帝其饗於鳥獸肥充之時宜省羣牲也宰祝大宰大祝主祭祀之官也養牛羊曰芻犬豕曰豢五者謂所視也所按也所瞻也所察也所量也此皆得其正則上帝饗之上帝饗之而無神不饗也○行下孟反芻初俱反草也豢音患養也以所食得名瞻音占瘠在亦反中丁仲反【疏】乃命至其饗○正義曰此月鳥獸肥充因宜省視故命之循行犧牲以下之事也○視全具者亦宰祝所視也下皆然王肅云純色曰犧體完曰全○按芻豢者食草曰芻食穀曰豢皆按行之也瞻肥瘠者瞻亦視也肥充也瘠瘦也○察物色者物色騂黝之別也周禮陽祀用騂陰祀用黝望祀各以其方之色也○必比類者已行故事曰比品物相隨曰類五方本異其色是比也大皡配東亦用青是其類也○量小大者大謂牛羊豕成牲者小謂羔豚之屬也○視長短者謂天地之牛角繭栗宗廟之牛角握之屬也○五者備當上帝其饗者上帝天也若事事當法則天神饗之也○注宰祝至曰豢○正義曰按周禮大宰職祀五帝則掌百官之誓戒及執事眡滌濯及納亨贊王牲事故鄭知此視牲由大宰云養牛羊曰芻犬豕曰豢者按充人云祀五帝繫於牢芻之三月是牛羊曰芻按樂記云豢豕為酒周禮犬人云掌豢祭祀之犬是犬豕曰豢

月令

禽祭祀

季秋以犬嘗稻

○是月也天子乃以犬嘗稻先薦寢廟稻始孰也

月令

食

孫某云、予不言言須此諸共人食活

牧人下士六人府一人史二人徒六十人牧人養牲於野田者詩云爾牧來思何蓑何笠或負其餱三十維物爾牲則具○牧牧養之牧徐音目何胡可反又音河下同
蓑素禾反笠音立餱音侯乾食疏牧人至十人○釋曰牧人在此者以其掌牧六牲以供祭祀亦是地事故也○注牧人至則具○釋曰鄭云養牲於野田者對充人養牲於國中又云詩曰者謂無羊詩美宣王之事也爾宣王牧人來
之時荷擔蓑之與笠蓑所以禦雨笠所以禦暑或負其糇糧也三十唯物物邑也異毛色者三十爾宣王牲則備矣引之者以證牧人牧六牲之事也

牧人掌牧六牲而阜蕃其物以其祭祀之牲牷六牲謂牛馬羊豕犬雞鄭司農云牷純也玄謂牷體完具○蕃音煩牷音全疏牧人至牲牷○釋曰
云掌牧六牲而阜蕃其物者阜盛也蕃息也物謂毛物言使肥盛蕃息各有毛物謂五官各有牛人羊人犬人豕人之等擇取純毛物者以供牧人牧人又供與充人芻之三月以祭祀故云以其祭祀之牲牷也○注六牲至完具○釋曰案爾
雅所釋六畜有馬牛羊豕犬雞故鄭依而釋之案膳夫供六牲鄭注云始養之曰畜將用之曰牲則此云牲亦據將用為言也司農云牷純也後鄭不從者尙書云犧牷對犧不得為純色其純下文毛之者是也故玄易之云牷體完具也

凡陽祀用騂牲毛之陰祀用黝牲毛之望祀各以其方之色牲毛之騂牲赤色毛之取純毛也陰祀祭地北郊及社稷也望祀五嶽
四鎮四瀆也鄭司農云陽祀春夏也黝讀為幽幽黑也玄謂陽祀祭天於南郊及宗廟○黝於糾反司農音幽疏凡陽至毛之○釋曰言凡與下陽祀陰祀望祀等為目故云凡以廣之也○注騂牲至宗廟○釋曰騂牲知是赤色者見
明堂位周人騂剛檀弓云周人牲用騂周尙赤而云用騂故知騂是赤也云毛之取純毛也者對下文云尨是雜色則此經云毛之者皆是取純毛也云陰祀祭地北郊及社稷也并陽祀祭天於南郊及宗廟者但天神與宗廟為陽地與社稷
為陰案大宗伯云蒼璧禮天黃琮禮地謂圜丘方澤下云牲幣各放其器之色則昊天與崐崘牲用蒼黃四時迎五方天帝又各依其方色牲則非此騂牲黝牲惟有郊天及宗廟社稷一等不見牲色在此陽祀陰祀之中可知案郊特牲云
郊之祭也大報天而主日兆于南郊就陽位也牲用騂是南郊用騂也檀弓云殷尙白周尙赤是祭宗廟時赤也據此而言則祭天於南郊及宗廟用騂也郊特牲云社祭土而主陰氣也是社稱陰孝經緯鉤命決云祭地于北郊就陰位彼對郊
天就陽位則是神州之神在北郊而稱陰以是知陰祀中有祭地于北郊及社稷也不從先鄭陽祀春夏者周祭宗廟四時同用騂夏至祭地方澤牲用黃春夏迎氣牲各隨方之色明不得同用騂故不從也又知望祀是四望者以其言望與
四望義同故知是四望五嶽等也云黝讀為幽幽黑也者以其幽是北方故從幽為黑也後鄭先解陰祀後釋陽祀者陽祀待先鄭釋訖隨後破之故也

凡時祀之牲必用牷物時祀四時所常祀謂山川以下至四方百物疏凡時至牷物○釋曰時言凡者山川已下非一故亦言凡以廣之也必用牷物者對土方色是隨其方色下用尨尨是雜色則此牷物者非方非雜雖不得隨方之色要於一身之上其物色須純其體須完不得
雜也假令東方或純黃純黑南方或純白純青皆得也○注時祀至百物○釋曰如時祀是山川以下至四方百物者案司服山川羣小祀林澤四方百物在四望下此上文云天地四望此時祀又在四望下又四方山川之等亦依四時而祀

故知時祀是山川至百物鄭雖據地之時祀若天之時祀日月已下亦在此時祀中也**凡外祭毁事用尨可也**外祭謂表貉及王行所過山川用事者故書毁為甈尨作龙杜子春云甈當為毁尨當為尨尨謂雜色不純毁謂副辜侯禳毁除殃咎之屬○尨亡江反貉莫霸反甈丘列反副普逼反辜音孤禳如羊反【疏】凡外至可也○釋曰外祭毁事其神非一故云凡以廣之也○注外祭至之屬○釋曰知外祭中有表貉者據上文外神之中已云天地至四方百物依時而祭者已盡此別言外祭則外祭中唯有表貉之等案大司馬田獵之時立表而貉祭詩云凡篚亦云貉于熊庶又知外祭中有王行所過山川用事者案校人云凡將事于四海山川則飾黃駒大祝云大會同過大山川則用事焉是非常外祭之事若然此云尨校人用黃駒者從地色黃亦據尨中有黃色者用之不必純○注云毁謂副辜侯禳毁除殃咎之屬者此文承子春之下不言玄謂當是子春所解也案宗伯云䮷辜祭四方百物而引九門磔禳又案小祝職云將事侯禳皆是禳祓除殃咎非常之祭用尨之類故引以為證也**凡祭祀共其犧牲以授充人繫之**犧牲毛羽完具也授充人者當殊養之周景王時賓起見雄雞自斷其尾曰雞憚其為犧○憚特旦反【疏】凡祭至繫之○釋曰牧人養牲臨祭前三月授與充人繫養之故云凡祭祀共其犧牲以授充人繫之○注犧牲至為犧○釋曰云犧牲毛羽完具也者云犧牲不云牲則惟據純毛者而鄭云完具者祭祀之牲若直牲未必純犧若犧則兼牲可知故鄭以完具釋犧云授充人者當殊養之者牧人之牲未用祭者摠在一處不殊今將以祭者則殊別繫養之云周景王時者此春秋左氏傳昭二十二年王子朝賓起有寵於景王王與賓孟説之欲立之又云賓孟適郊見雄雞自斷其尾問之侍者曰自憚其犧也遽歸告王且曰雞其憚為人用乎人異於是注犧者以喻人之有純德實宜為君彼直云自憚其犧不云雞鄭以義增之耳引之者證犧是純色之意也**凡牲不繫者共奉之**謂非時而祭祀者【疏】注謂非至祀者○釋曰云不繫者謂若上文凡外祭毁事用尨可也是非時而祭祀者也

飲食

天子以犧牛

祭祀

○天子以犧牛諸侯以肥牛大夫以索牛士以羊豕犧純毛也肥養於滌也索求得而用之○索所百反牲同求也牷音全一本作純滌直的反養牲官也徐又同弔反疏天子至羊豕○正義曰此天子以犧牛諸侯以肥牛大夫以索牛皆上得兼下下不得僭上故左傳云聖王先成民而後致力於神故奉牲以告曰博碩肥腯是天子亦得以肥也又公羊云帝牲必在滌三月稷牛惟具稷有災故臨時得別求之是天子諸侯得有索牛○大夫以索牛士以羊豕者天子大夫士也若諸侯大夫即用少牢士則用特牲其實大夫亦得用牛士亦用羊豕故雜記云上大夫之虞也少牢卒哭成事附皆大牢下大夫之虞也特牲卒哭成事附皆少牢是也據此諸侯不得用犧牛祭義云天子諸侯必有養獸之官下云犧牷祭牲必於是取之諸侯有犧牲大牢者諸侯對卿大夫亦得云犧若對天子則稱肥耳其大夫牲體完全亦有犧牲之稱故上云大夫犧賦為次但不毛色純耳○注肥養於滌也○正義曰案楚語觀射父云大者牛羊必在滌三月小者犬豕不過十日然者即此大夫索牛士羊豕既不在滌三月當十日以上但不知其日數耳

曲禮下

飲食

牛酒曰犒 加飯羹曰饔

四年春王二月夫人姜氏饗齊侯于祝丘書者與會郜同義牛酒曰犒加飯羹曰饗月者再出重也三出不月者省文從可知例○犒苦報反勞也疏注書者至同義○解云即二年冬十有二月夫人姜氏會齊侯于郜彼注云書者婦人無外事外事則近淫今此亦然故云同義○注牛酒至曰饗○解云時王之禮也○注月者至知例○解云案上二年經云冬十有二月夫人姜氏會齊侯于郜一出亦書月而言再出重者正以下文三出四出皆無月故也而上二年月者自爲下經乙酉宋公馮卒其會仍自不蒙月矣言三出不月者即下五年夏夫人姜氏如齊師是也

公莊四

○冬十有二月夫人姜氏會齊侯于郜書者婦人無外事外則近淫不致者本無出道有出道乃致奔喪致是也○郜古報反二傳作禚四年亦爾近附近之近亦如字疏注不致至是也○解云即文九年春夫人姜氏如齊三月夫人姜氏至自齊注云奔父母之喪也不言奔喪者尊內也出獨致者得禮故與臣子辭是也○乙酉宋公馮卒

公莊二

飲食

至者唯八十二耳其餘不書者釋例曰凡公之行不書至者九十有四皆不告廟也隱公之不告謙也餘公之不告慢於禮也慢於禮者舉大例言耳其中亦應有心實非慢而不宜告者若行有恥辱不足爲榮則克躬罪已不以告廟非爲慢於禮也若事實可恥而不以爲恥反行告廟則史亦書之宣五年傳曰公如齊高固使齊侯止公請叔姬焉夏公至自齊書過也釋例曰執止之辱厭尊毁列所以累其先君忝其社稷固當克躬罪已不以嘉禮自終宣公如齊既已見止遂昏於鄰國之臣而行飲至之禮故傳曰書過也是不應告而告故書之以示過也釋例又曰桓公之喪至自齊此則死還告廟而書至者也莊公違禮如齊觀社用飲至之禮此則失禮之書至者也宣公黑壤之會以賂免諱不書盟而復書至亦諱不以見止告廟也襄公至自晉此則榮還而書至者也昭公至自齊居于鄆此則宜告而書至者也諸書至皆告廟啓反或卽實而言或有所諱辟傳於伐見飲至之禮於宜見書過之譏於朝見書勞于廟舉此三者以包其他行也僖十六年公會諸侯于淮未歸而取項齊人以爲討而止公十七年秋聲姜以公故會齊侯于卞公始得歸而書公至自會是諱其見止而以會告廟故傳曰猶有諸侯之事焉且諱之是諱止而以會告也諸侯盟者必在會後皆書公至自會不言公至自盟者以盟是因會而爲之初必以會徵衆公行以會告廟故還以會告至雖并以盟告亦不云至自盟爲行時不以盟告故也僖二十八年公會諸侯于溫遂圍許經書公至自圍許襄十年公會諸侯于柤遂滅偪陽經書公至自會二文不同釋例曰諸若此之事勢相接或以始致或以終致蓋時史之異耳無他義也定十二年公至自圍成行不出境而亦告廟者釋例曰陪臣執命大都偶國仲由建墮三都之計而成人不從故公親伐之雖不越境動衆興兵大其事故出入皆告于廟也○注爵飲至功也○正義曰韓詩說一升曰爵爵盡也足也二升曰觚觚寡也飲當寡少三升曰觶觶適也飲當自適四升曰角角觸也不自適觸罪過也五升曰散散訕也飲不自節爲人謗訕也總名曰爵其實曰觴觴餉也然則飲酒之器其名有五而總稱爲爵案燕禮爵用觚觶此飲至之爵不過用觚觶而已爲人君者賞不踰月欲民速覩爲善之利故舍爵卽書勞於策言速紀有功也 **特相會往來稱地讓事也**

特相會公與一國會也會必有主二人獨會則莫肯爲主兩讓會事不成故但書地 **自參以上則往稱地來稱會成事也** 成會事○參七南反一音三上時掌反

飲食

鬱

祼一

天子以鬯諸侯以薰大夫以芝蘭士以蕭庶人以艾

鬱人掌祼器祼器謂彝及舟與瓚疏注祼器至與瓚。釋曰知祼器中有彝及舟者此經下文云和鬱鬯以實彝又見司尊彝云春祠夏禴祼用雞彝鳥彝皆有舟秋冬及追享朝享皆云焉故知有彝舟也知有瓚者案禮記王制云諸侯賜圭瓚然後爲鬯尚書序云平王錫晉文侯秬鬯圭瓚皆與秬鬯相將即下文祼玉是也故知祼器中有瓚瓚則兼圭瓚璋瓚也凡祭祀賓客之祼事和鬱鬯以實彝而陳之築鬱金煮之以和鬯酒鄭司農云鬱草名十葉爲貫百二十貫爲築以煮之鐎中停於祭前鬱爲草若蘭。鐎子遙反劉似消反本又作鐎音同李又即旓反疏凡祭至陳之。釋曰天地大神至尊不祼至於山川及門社等事在鬯人亦無祼事此云祭祀唯據宗廟耳其賓客祼則大行人云公再祼之等是也云和鬱鬯者謂和鬯人所造秬黍之鬯酒也爲宗廟賓客用鬱者則肆師築鬱金草煮之以和鬯酒更和以盎齊泲之以實彝陳於廟中饗賓客及祭宗廟之處也。注築鬱金煮之以和鬯酒至若蘭。釋曰鄭知築鬱金草煮之者見肆師云築鬻故知之也司農云十葉爲貫百二十貫爲築者未知出何文云以煮之鐎中停於祭前者此似直煮鬱停之無鬯酒者文略其實和鬯酒也云鬱爲草若蘭者蘭則蘭芝以其俱是香草故比類言之案王度記云天子以鬯諸侯以薰大夫以蘭芝士以蕭庶人以艾此等皆以和酒諸侯以薰謂未得圭瓚之賜得賜則以鬱耳王度記云天子以鬯及禮緯云鬯草生庭皆是鬱金之草以其和鬯酒因號爲鬯草也凡祼玉濯之陳之以贊祼事祼玉謂圭瓚璋瓚疏凡祼玉濯之陳之以贊祼事。釋曰此祼玉即圭璋是也故玉人典瑞皆云祼圭尺有二寸禮記郊特牲云灌以圭璋用玉氣也。注祼玉謂圭瓚璋瓚。釋曰案禮記祭統云君用圭瓚祼尸太宗用璋瓚亞祼鄭云太宗亞祼容夫人有故攝焉若然王用圭瓚后用璋瓚可知故鄭并言之也詔祼將之儀與其節節謂王奉玉送祼早晏之時疏詔祼至其節。釋曰云祼將之儀者即是奉玉送祼之威儀云節者即早晚時節故兩言之。注節謂至之時。釋曰云奉玉謂王與后祼時奉瓚而酌鬱鬯云送祼者謂送之以授尸尸得祭之嚌之奠之不飲故上文司農云停於祭前也凡祼事沃盥疏凡祼事沃盥。釋曰凡言非一若賓客則大宗伯祼若祭祀王及后祼皆鬱人沃以水盥手及洗瓚也

禮器　鄭氏注　孔穎達疏

周坐尸詔侑武方其禮亦然其道一也言此亦周所因於殷也武當為無聲之誤也方猶常也告尸行節勸尸飲食無常若孝子之為也孝子就養無方詔侑或為韶囿○侑音又本或作宥武音無養羊讓反詔音照下同丘同本亦作韶囿夏立尸而卒祭夏禮尸有事乃坐殷坐尸無事猶坐周旅酬六尸使之相酌也后稷之尸發爵不受旅曾子曰周禮其猶醵與合錢飲酒為醵旅酬相酌似之也王居明堂之禮仲秋乃命國醵○醵其庶反又其約反與音餘

疏

周坐至醵與○正義曰此一節論三代尸不同○周坐尸者此言有周之所因於殷也殷人坐尸周因坐之也○詔侑武方者亦因殷也詔告也侑勸也方常也子事父母就養無方故在宗廟之中禮主於孝凡預助祭者皆得告尸威儀勸尸飲食無常人也其禮亦然者其於周禮侑尸及詔侑無方之禮亦因於殷禮故云亦然也其道一也者其用至誠之道一也○夏立尸而卒祭者此更本殷周所損益相因也夏禮乃有尸但立猶質言尸是人人不可久坐神坐故尸唯飲食暫坐若不飲食時則尸倚立以至祭竟也○殷坐尸者此殷因夏之有立尸而損其不坐之禮益為恒坐之法也是殷轉文也言尸本象神神宜安坐不辯有事與無事皆坐也○周旅酬六尸者此周之因殷而益之也旅酬六尸謂祫祭時聚羣廟之主於太祖后稷廟中后稷在室西壁東嚮為發爵之主尊不與子孫為酬酢餘自文武二尸就親廟中凡六在后稷之東南北對為昭穆更相次序以酬也殷但坐尸未有旅酬之禮而周益之也然大祫多主而唯云六尸者先儒與王肅並云毁廟無尸但有主也○曾子曰周禮其猶醵與者曾子引世事證周禮旅酬之儀象也醵斂錢共飲酒也凡相斂錢飲酒必非忘懷之酌得而遍飲必令平徧不偏頗與周禮次序旅酬相似也其王肅禮作遽注云曾子以為使六尸旅酬不三獻猶遽而畧○告尸至為也○正義曰告尸行節解經詔也勸尸飲食解經侑也案特牲少牢延尸及詔侑相尸之禮皆是祝官則是有常而云無常者熊氏云謂就衆祝之中但是祝官皆得為之不常用一祝也案周禮大祝下大夫二人上士四人小祝中士八人下士十有六人是皆得相侑尸也○君

天之常道地之宜利民之所行也天地之有常道人民實法則之法則天之明道因循地之恒性聖人所以制作此禮也此傳文於天言常則地亦常也於地言義則天亦義也覆言天地之經明天地皆有常也天有常明之義地有常利之義也覆云則天之明是天以明爲常因地之性則地以性爲義是天以光明爲常義地以剛柔爲常義義謂義理性謂本性言天地性義有常可以爲法故民法之而爲禮也○注經者道之常義者利之宜○正義曰覆而無外高而在上運行不息日月星辰溫涼寒暑皆是天之道也訓經爲常故言道之常也載而無棄物無不殖山川原隰剛柔高下皆是地之利也訓義爲宜故云利之宜也杜以今文孝經云用天之道分地之利故天以道言之地以利言之天無形言其有道理也地有質言其有利益也民之所行法象天地象天而爲之者皆是天之常也象地而爲之者皆是地之宜也故禮爲天之經地之義也孝經以孝爲天之經地之義者孝是禮之本禮爲孝之末本末別名理實不異故取法天地其事同也○注行者人所履○正義曰民謂人也人稟天地之性而生動作皆象天地其踐履謂之爲行但人有賢與不肖行有過與不及聖人制爲中法名之曰禮故禮是民之行也行者人之所履也易及爾雅並訓履爲禮是禮名由踐履而生也人之本性自然法象天地聖人還復法象天地而制禮教之是禮由天地而來故仲尼說孝子產論禮皆天地民三者並言之○注日月星辰天之明也高下剛柔地之性也○正義曰則天之明杜以爲日月星辰者以下傳云爲父子兄弟昏媾姻亞以象天明若衆星之共北辰故知天明日月星也杜知高下剛柔地之性者以下傳云爲君臣上下以則地義則君高臣下臣柔君剛地義則地之性也傳文上下其理分明人法天地其事多種杜以天明地義舉要而言故不備顯刑罰威獄溫慈惠和劉炫責杜不具載其文而規其過非也此傳文天言則地言因者民見地有宜利因取而法效之因亦則之義也既言天之經不可復言地之經故變文稱義既言則天之明不可復言則地之性故變文言因因之與則互相通也正是變文使相辟耳○生其六氣謂陰陽風雨晦明○用其五行金木水火土○氣爲五味酸鹹辛苦甘○發爲五色青黃赤白黑發見也○見賢遍反下解見同○章爲五聲宮商角徵羽○徵張里反淫則昏亂民失其性滋味聲色過則傷性疏生其至其性○正義曰此言天用氣味聲色以養人不得過其度也因上則天之下更復本之於天傳稱天有六氣此言生其六氣謂天生之也用其五行謂天用之也上天用此五行以養人五行之氣人人之口爲五味發見於目爲五色章徹於耳爲五聲味以養口色以養目聲以養耳此三者雖復用以養人人用不得過度過度則爲昏亂使人失其恒性故須爲禮以節之○注金木水火土○正義曰洪範云五行一曰水二曰火三曰木四曰金五曰土孔安國云皆其生數是其以生數爲次也大禹謨說六府云水火金木土穀五行之次與洪範異者以相剋爲次也此注言金木水火土者隨便而言之不以義爲次也五物世所行用故謂之五行五者各有材能傳又謂之五材此傳所說禮意意在味色聲也但味色聲本於五行而來五行又是六氣所生故先言六氣五行然後至於味色聲也釋名五氣於其方各施行也白虎通云言爲天行氣故謂之五行○注酸鹹辛苦甘○正義曰洪範又演五行云水曰潤下火曰炎上木曰曲直金曰從革土爰稼穡潤下作鹹炎上作苦曲直作酸從革作辛稼穡作甘孔安國云鹹水鹵所生苦焦氣之味酸木實之性辛金之氣味甘味生於百穀是言五行之氣爲五味水味鹹火味苦木味酸金味辛土味甘也五行本性自有此氣氣至於人乃爲五味味之爲異入口乃知言氣氣爲五味謂氣入口與下章也發也者據人知爲文味爲性所有色是形之貌聲是質之響色可近視聲可遠聞自近以及遠故以口目耳所知味色聲爲次也○注青黃至見也○正義曰五色五行之色也木色青火色赤土色黃金色白水色黑也木生柯葉則青金被磨礪則白土黃火赤水黑則本質自然也發見也謂見於人目有此五色○注宮商角徵羽○正義曰聲之清濁差爲五等聖人因其有五分配五行其本末由五行而來也但既配五行即以五者爲五行之聲土爲宮金爲商木爲角火爲徵水爲羽聲之清濁入耳乃知章徹於人爲五聲也此言章爲五聲元年傳云徵爲五聲章徵不同者據聲之至人是爲章徹據人之知聲則爲徵驗是彼此之異言耳○注滋味至傷性○正義曰老子云五味令人口臭五色令人目盲五音令人耳聾言其過耽者之則有此病

是其過則傷本性也**是故爲禮以奉之**制禮以奉其性**爲六畜**馬牛羊雞犬豕。○畜許又反又褚六反**五牲**麋鹿麕狼兔。○麋亡悲反麕九倫反本亦作麏**三犧**祭天地宗廟三者謂之犧**以奉五味爲九文**謂山龍華蟲藻火粉米黼黻也。華若草華。藻水草。火畫火。粉米若白米。黼若斧。黻若兩已相戾。傳曰火龍黼黻昭其文也。○黼音甫黻音弗

疏是故至五味。○正義曰口欲嘗味目欲視色耳欲聽聲人之自然之性也欲之不已則失其性聖人慮其失性是故爲禮以奉養其性使不失也牲犧祭祀所用非人所食而以牲犧奉五味者禮推人道以事神神之所享皆是人食尊鬼神而異其名耳故亦爲奉五味。○注馬牛羊雞犬豕。○正義曰爾雅釋畜馬牛羊犬雞五者之名其豕在釋獸之篇畜養也家養謂之畜野生謂之獸豕有野豕故因記之於釋獸耳又釋畜之末别釋馬牛羊豕犬雞六者之名其下題曰六畜謂此是也周禮膳夫云膳用六牲是庖用六牲也庖人掌其六畜鄭玄云六牲馬牛羊豕犬雞六畜即六牲也始養之曰畜將用之曰牲是畜牲一也。○注麋鹿麕狼兔。○正義曰十一年傳曰五牲不相爲用注云五牲牛羊豕犬雞此異彼者以上文已言六畜則五牲非六畜故別解之周禮庖人掌其六獸鄭衆云六獸麋鹿熊麕野豕兔鄭玄云獸人冬獻狼夏獻麋又內則無熊則六畜當有狼而熊不屬今杜解五牲之名用鄭玄六獸之說去野豕而以其餘當之也傳稱牛卜日曰牲鄭玄云將用之曰牲此五者實獸也據其將用祭祀故名之曰牲服虔云牲麕鹿熊狼野豕。○注祭天至之犧。○正義曰尚書泰誓武王數紂之罪云乃夷居弗事上帝神祇遺厥先宗廟弗祀犧牲粢盛既于凶盜於神祇宗廟之下揔言犧牲杜雖不見古文其言闇與之會是祭天地宗廟之牲謂之犧也然則犧亦六畜而別言之者周禮牧人凡祭祀共其犧牲以授充人繫之鄭玄云犧牲毛羽完具也授充人者當殊養之然則六畜之內取其毛羽完具別養以共祭祀者乃名爲犧故與六畜異言之也服虔云三犧鴈鶩雉也。○注謂山至文也。○正義曰尚書益稷篇云帝曰予欲觀古人之象日月星辰山龍華蟲作會宗彝藻火粉米黼黻絺繡以五采彰施于五色作服汝明尚書之文如此其解者多有異說孔安國云日月星爲三辰華象草華蟲雉也畫三辰山龍華蟲於衣服旌旗會五采也以五采成此畫焉宗廟彝樽亦以山龍華蟲爲飾藻水草有文者火爲火字粉若粟冰米若聚米黼若斧形黻爲兩已相背葛之精者曰絺五色備曰繡如孔此言日也月也星辰也山也龍也華也蟲也七者畫於衣服旌旗山龍華蟲四者亦畫於宗廟彝器藻也火也粉也米也黼也黻也六者繡之於裳如此數之則十三章矣天之大數不過十二若爲十三無所法象或以爲孔并華蟲爲一其言華象草華蟲雉者言象草華之蟲故爲雉也若華別似草安知蟲爲雉乎未知孔意必然以否鄭玄讀會爲繢謂畫也絺爲黹謂刺也宗彝謂虎蜼也周禮宗廟彝器有虎彝蜼彝故以宗彝名虎蜼也周禮有袞冕鷩冕毳冕其袞鷩毳者各是其服章首所畫舉其首章以名服耳袞冕袞龍也袞冕九章以龍爲首鷩是華蟲也鷩冕七章以華蟲爲首毳是虎蜼也毳冕五章以虎蜼爲首虎毛淺蜼毛深故以毳言之毳亂毛也如鄭此言則於尚書之文其章不次故於周禮之注具分辨之鄭於司服之注具引尚書之文乃云此故天子冕服十二章絺或作黹字之誤也王者相變至周而以日月星辰畫於旌旗所謂三辰旂旗昭其明也而冕服九章登龍於山登火於宗彝尊其神明也九章初一曰龍次二曰山次三曰華蟲次四曰火次五曰宗彝皆畫以爲繢次六曰藻次七曰粉米次八曰黼次九曰黻皆絺以爲繡則袞之衣五章裳四章凡九也鷩畫以雉謂華蟲也其衣三章裳四章凡七也毳畫虎蜼謂宗彝也其衣三章裳二章凡五也是鄭玄之說華蟲爲一粉米爲一也杜之此注亦以日月星辰畫於旌旗九文唯言衣服之文謂山也龍也華也蟲也藻也粉米也黼也黻也以此爲九杜言華若草華而不言蟲則華蟲各爲一也粉米若白米是粉米共爲一也詩云魚在在藻藻水草也孔安國云火爲火字考工記畫

績之事火以圜鄭衆云爲圜形似火鄭玄云形如半環然則杜言火畫火蓋同安國爲火字也粉米色白故粉米若白米也考工記曰白與黑謂之黼孔安國云黼若斧形謂刃白而身黑故若斧也黻爲兩已相戾今之刺黻猶然也引桓二年傳曰火龍黼黻昭其文也者以證此九文是山龍之屬也世本云胡曹作冕注云胡曹黄帝臣也繫辭云黄帝堯舜垂衣裳而天下治蓋取諸乾坤則冕服起於黄帝也加飾起自唐虞郎書云予欲觀古人之象云云是也所以衣服畫日月星等者象王者之德照臨天下如三光之耀也山體鎮重象王者之德鎮重安靜四方又能潤益含靈如山興雲致雨也龍者水物也象王者之德流通無壅如水利著生又龍舒卷變化無方象人君有無方之德也華蟲即鷩雉雉有文章表王者有文章之德也宗彝常也宗廟之常器有六彝今唯取虎蜼者虎取毛淺而有威蜼取毛深而有知以表王者有深淺之知威猛之德也藻者水草是鮮絜之物生於清水能隨短長象王者之德冰清玉絜隨機應物隨民設教不盡而成也火者火炷炎上用表王者之德能使率土羣黎向歸上命也粉米者米能濟人之命表王者有濟養之德也黼白與黑形若斧斧能裁斷以象王者有裁斷之德也黻之言戾戾背也黑與青謂之黻作兩已字相背象王者能綏化兆民能使向已背惡以從善故爲黻也日之質赤月星之質白山作獐考工記云山以獐也龍爲騰躍之形似獼猴而大也章次如此者王者與天地合其德日月星天用昭明日最爲盛所以居先月星光劣其次之也上以象天下宜法地地之形勢莫大於山故次三光也龍爲水物水出於山故次之也華蟲象於禮樂文章以禮樂文章鬱於萬物故以次龍也宗彝所以次華蟲者言王者須有禮樂須威知乃行無威則民不畏無知則敎不成故以次也藻所以次宗彝者王者威知之德隨世而應故以次也火者言王者有德必向歸仰之如火向上故次之也米所以次火者民既歸王王須濟活濟活之理得米爲生故次之也黼所以次米者言王者能濟活兆民宜裁斷合理如斧之斷決故以次之黻所以次黼者王既裁斷得所善惡各有分宜人皆背惡從善故以次之。

六采畫繢之事雜用天地四方之色青與白赤與黑玄與黃皆相次謂之六色。繢戶對反。**疏**注畫繢至六色。正義曰考工記云畫繢之事雜五色東方謂之青南方謂之赤西方謂之白北方謂之黑天謂之玄地謂之黃青與白相次赤與黑相次玄與黃相次鄭玄云此言畫繢六色所象及布采之第次此杜取彼記文省約而爲之辭也

五章以奉五色青與赤謂之文赤與白謂之章白與黑謂之黼黑與青謂之黻五色備謂之繡集此五章以奉成五色之用**疏**注青與至之用。正義曰謂之繡以上皆考工記文也此刺繡之文以北方相次色亦采也六采謂繢畫五色謂刺繡故令色采之文異耳鄭注尚書性曰采施曰色味色聲三事色居其中故杜言集此五章以奉成五色之用明上下二文亦準此所陳以奉成五味五聲之用舉中以明上下也

爲九歌八風七音六律以奉五聲辭見二十年

爲君臣上下以則地義君臣有尊卑法地有高下**爲夫婦外內以經二物**夫治外婦治內各治其物**疏**爲君至二物正義曰此更覆上因地之義也爲父子以下至生殖長育覆上則天之明也地有高下聖人制禮爲君臣上下君在上臣在下以法則地之義也以地有剛柔爲夫婦外內夫治外婦治內以經紀二物也物事也治理外內之二事也上云天之經也地之義也又云則天之明因地之性再重言之皆先天後地但法地事少則天事多故上先言法天後言法地此先云爲君臣上下以則地義始云爲父子兄弟以象天明者以其則地事少故先言之象天事多欲下就以從四時類其震曜殺戮及生殖長育皆是象天之事欲使文相連接故後言之也下云以象天明則此當云以象地性而云以則地義者義之與性一也因其先言故遠覆上交地之義也

爲父子兄弟姑姊甥舅昏媾姻亞以象天明六親和睦以事嚴父若衆星之共辰極也妻父曰昏重昏曰媾壻父曰姻兩壻相謂曰亞。媾古豆反姻音因亞於嫁反本亦作婭同重直龍反。**疏**注六親至曰亞。正義曰老子云六親不和焉有孝慈六親謂父子兄弟夫婦也孝經曰孝莫大於嚴父論語云北辰居其所而衆星共之六親父爲尊嚴衆星北辰爲長六親和睦以事嚴父若衆星之共北極是其象天明也妻父爲昏壻父爲姻兩壻相謂曰亞皆釋親文也重

飲食

天中數五地中數六

八風一与八音八節相配

齊侯至自田晏子侍于遄臺子猶馳而造焉子猶梁丘據○田本亦作佃音同遄市專反造七報反公曰唯據與我和夫晏子對曰據亦同也焉得爲和公曰和與同異乎對曰異和如羹焉水火醯醢鹽梅以烹魚肉燀之以薪燀炊也○夫音扶焉於虔反羹音庚舊音衡醯呼兮反醢音海烹普庚反煑也燀章善反燃也炊昌垂反【疏】醯醢鹽梅○正義曰醯酢也醢肉醬也梅果實似杏而醋禮記內則炮豚之法云調之以醯醢尚書說命云若作和羹爾惟鹽梅是古人調鼎用梅醢也此說和羹而不言豉古人未有豉也禮記內則楚辭招魂備論飲食而言不及豉史游急就篇乃有蕪荑鹽豉蓋秦漢以來始爲之耳宰夫和

昭二十

飲食

史記卷五十

楚元王世家第二十

楚元王劉交者高祖之同母少弟也字游（正義）年表云都彭城（集解）徐廣曰一作父（索隱）漢書作同父言同父以明異母也高祖兄弟四人長兄伯伯蚤卒始高祖微時嘗辟事時時與賓客過巨嫂食（集解）徐廣曰漢書云丘嫂也（索隱）劉氏云巨一作丘應劭云丘姓孟康云丘空也兄亡空有嫂也今此作巨巨大也謂長嫂也嫂厭叔叔與客來嫂詳爲羹盡櫟釜（索隱）櫟音歷謂以杓歷釜旁使有聲漢書作轑音勞賓客以故去已而視釜中尚有羹高祖由此怨其嫂及高祖爲帝

乾隆四年校刊

專此見古人飲食以羹爲主

飯

廉頗居梁久之魏不能信用趙以數困於秦兵趙王思復得廉頗廉頗亦思復用於趙趙王使使者視廉頗尚可用否廉頗之仇郭開多與使者金令毀之趙使者既見廉頗廉頗爲之一飯斗米肉十斤被甲上馬以示尚可用趙使還報王曰廉將軍雖老尚善飯然與臣坐頃之三遺矢矣【索隱】謂數起便也矢一作屎 趙王以爲老遂不召楚聞廉頗在魏陰使人迎之廉頗一爲楚將無功曰我思用趙人廉頗卒死于壽春【正義】廉頗墓在壽州壽春縣北四里藺相如墓在邯鄲西南六里

史記廉頗藺相如列傳

食

史記廉頗藺相如列傳。李牧居代雁門備匈奴事

「日擊數牛饗士」

食

貴黍賤稷

農笠

或來瞻女載筐及筥其饟伊黍其笠伊糾其鎛斯趙以薅荼蓼笠所以禦暑雨也趙刺也蓼水草也箋云瞻視也有來視女謂婦子來饁者也筐筥所以盛黍也豐年之時雖賤者猶食黍饁者見戴糾然之笠以田器刺地薅去荼蓼之事言閔其勤苦○筐丘方反筥紀呂反饟式亮反笠音立糾居黝反又其皎反鎛音博趙徒了反刺也又如字沈起了反又徒少反薅呼毛反說文云拔田草也又云薅或作茠引此以茠荼蓼荼蓼上音徒下音了刺七亦反下同盛音成去起呂反

【疏】傳笠所至水草○正義曰笠之爲器暑雨皆得禦之故兼言也其鎛斯趙則趙是用鎛之事鎛是鋤類故趙爲刺地也又釋草云蓄虞蓼某氏曰蓄一名虞蓼孫炎曰虞蓼是澤之所生故爲水草也蓼是穢草荼亦穢草非苦菜也釋草云荼委葉舍人曰荼一名委葉某氏引此詩則此荼謂委葉也王肅云荼陸穢蓼水草然則所由田有原有隰故並舉水陸穢草○箋瞻視至勤苦○正義曰瞻視釋詁文下言婦子寧止明此以爲不寧故知有來視汝謂婦子來饁者也筐筥之下即云饟黍故知筐筥所以盛黍也少牢特牲大夫士之祭禮食有黍明黍是貴也玉藻云子卯稷食菜羹爲忌日貶而用稷是爲賤也賤者當食稷耳故云豐年之時雖賤者猶食黍瞻汝是見彼農人之時而陳其笠其鎛故知見農人戴糾然之笠以田器刺地薅去荼蓼之草定本集注皆云薅去荼蓼之事言閔其勤苦與俗本不同

五穀訓詁

黍此飯之主

詩‖承

季指‖小指

卦‖挂

黍爲穀之貴

爲黍言嗇

酒進聽嘏聽猶待也受福曰嘏嘏長也大也待尸授之以長大之福佐食摶黍授祝祝授尸尸受以菹豆執以親嘏主人獨用黍者食之主其辭則少牢饋食禮有焉疏佐食至主人○注獨用至有焉○釋曰案少牢云祝與二佐食皆出盥于洗入二佐食各取黍於一敦上佐食兼受摶之以授尸尸執以命祝卒命祝祝受以東北面于戶西以嘏于主人但少牢不親嘏者大夫尸尊又大夫禮文此親嘏者士尸卑禮質故也云其辭則少牢饋食禮有焉者案少牢云祝以嘏于主人曰皇尸命工祝承致多福無疆于女孝孫來女孝孫使女受祿于天宜稼于田眉壽萬年勿替引之是也云獨用黍者食之主者案上文云爾黍于席上不云爾稷者以稷雖五穀之長不如黍之美故云食之主是以喪大記云君沐粱大夫沐稷士沐粱士喪禮士沐稻諸侯之士鄭注云差率而上天子沐黍是黍爲穀之貴也主人左執角再拜稽首受復位詩懷之實于左袂挂于季指卒角拜尸荅拜詩猶承也謂奉納之懷中季小指也實于左袂挂袪以小指者便卒角也少牢饋食禮曰興受黍坐振祭嚌之古文挂作卦疏注詩猶至作卦○釋曰云挂袪以小指者便卒角也但右手執角左手挂袪以小指不于左手言便卒角者欲酒之時恐其遺落故挂以小指故云便卒角也主人出寫嗇于房祝以籩受變黍言嗇因事託戒欲其重稼嗇嗇者農力之成功疏主人至籩受○注變黍至成功○釋曰案少牢云主人出宰夫以籩受嗇黍主人嘗之納諸內此大夫尊不親入房直見大夫出宰夫以籩受此主人寫嗇于房祝以籩受以其士賤故也云變黍言嗇因事託戒欲其重稼嗇者以黍者五穀之名非農力成功之稱故以黍爲嗇欲其重稼嗇故少牢鄭注云收斂曰嗇是用農力之言也筵祝

出特牲饋食禮，似穀之十五

食　要

六牲　六齍　六彝　六尊
犬豕馬不牛羊雞

毛六牲，辨其名物而頒之于五官，使共奉之。毛擇毛也。鄭司農云：司徒主牛，宗伯主雞，司馬主馬及羊，司寇主犬，司空主豕。○毛六戚如字，劉莫報反。疏毛六至奉之○釋曰：言辨其名物者，若六牲皆有名，若馬牛羊豕犬雞，物色也，皆有毛色，若宗廟用騂之等。云頒之于五官者，六卿應言六官而云五者，以其天官貳王治事，尊而不使奉牲，故五官也。云使共奉之者，謂充人養之，至祭日之旦在廟門之前頒與五官，使共奉之，助王牽入廟，即祭義所云卿大夫贊幣而從之，彼雖諸侯法，可況天子也。○注毛擇至主豕○釋曰：先鄭云司徒奉牛已下，皆案職知之，若大司徒有牛人，即云奉牛牲；宗伯職有雞人，即云供雞牲；司馬職有羊人、校人掌馬，即云共羊牲、奉馬牲；司寇職有犬人，即云奉犬牲。是以先鄭依而用焉。唯司空職亡，先鄭知主豕者，五行傳聽之不聰則有豕禍，是豕屬北方司空冬官，故奉豕牲也。

辨六齍之名物與其用，使六宮之人共奉之。齍讀為粢，六粢謂六穀，黍稷稻粱麥苽。○苽音孤。疏辨六至奉之○釋曰：六穀云名物者，謂六穀各有名，其色異，故云名物也。云與其用者，六穀所用，若六牲、六彝所用不同，故須辨之。云使六宮之人共奉之者，黍稷簠簋，是婦人所奉之事，故使六宮之人奉之。六宮之人，謂若世婦職云女宮之宿戒者也。○注齍讀至麥苽○釋曰：讀齍為粢者，爾雅釋草：粢，稷也。粢字從米，以次為聲；其齍字從皿，以齊為聲，從皿不如從米，故讀粢也。云六粢黍稷稻粱麥苽者，約食醫和王六食云黍稷稻粱麥苽而言。

辨六彝之名物，以待果將。六彝，雞彝、鳥彝、斝彝、黃彝、虎彝、蜼彝。果讀為祼。○斝音假，又音嫁。蜼音誄，又盧水反。疏注六彝至為祼○釋曰：上二經皆云使共奉之，此及下經不云使共奉之而云以待，文不同者，上二者官衆，故云使共奉。此及下文並是司尊彝一職之事，又是春官當司所主，故直云以待也。祼言將者，將，送也，謂以圭瓚酌之，送與尸及賓，故云將。六彝之名出司尊彝也。云果讀為祼者，諸文皆云祼，故讀從之，其實祼更讀為灌。

辨六尊之名物，以待祭祀賓客。待者，有事則給之。鄭司農云：六尊，獻尊、象尊、壺尊、著尊、大尊、山尊。○獻素何反。著直略反。大音泰。疏辨六至賓客○釋曰：案司尊彝，唯為祭祀陳六彝六尊，不見為賓客陳六尊，此兼言賓客，則在廟饗賓客時陳六尊，亦依祭禮四時所用。唯在外○野饗不用祭祀之尊，故春秋左傳云犧象不出門也。若然，案鬱人云掌祼器，凡祭祀賓客之祼事，則上六彝亦為祭祀賓客而辨之，而不言祭祀賓客者，舉下以明上，故略而不言。○注待者至山尊○釋曰：云待者有事則給之者，所須則祭祀賓客是也。上經六彝亦云以待，鄭不言者，上經不言祭祀賓客，先鄭亦略而不言，亦就此以待祭祀賓客而解之。先鄭解六尊，亦據司尊彝而言也。

大酋職任

鄭注周禮與月令相違

○乃命大酋秫稻必齊麴蘖必時湛熾必絜水泉必香陶器必良火齊必得兼用六物大酋監之毋有差貸 酒熟曰酋大酋者酒

十三經注疏 禮記十七 月令 三三

官之長也於周則爲酒人秫稻必齊謂孰成也湛漬也熾炊也火齊腥孰之調也物猶事也差貸謂失誤有善有惡也古者穫稻而漬米麴至春而爲酒詩云十月穫稻爲此春酒以介眉壽。酋子由反又在由反秫音述麴丘六反蘖魚列反湛子廉反熾尺志反齊才計反注火齊同監古銜反貸音二又他得反注同長丁丈反穫戶郭反。疏乃命至差貸。正義曰大酋者酒官之長於此之時始爲春酒先須治擇秫稻故云秫稻必齊齊得成孰又須以時料理麴蘖故云必時湛熾必絜者湛漬也熾炊也謂炊漬米麴之時必須清絜水泉必香陶器必良者謂所用水泉必須香美所盛陶器必須良善火齊必得者謂炊米和酒之時用火齊生孰必得中也兼用六物者秫稻一麴蘖二湛熾三水泉四陶器五火齊六也物事也謂作酒之人用此六事作酒大酋監督之無使有參差貸變使酒誤其善惡。注酒孰至眉壽。正義曰酒孰曰酋然則酋者酒孰之名也云於周則爲酒人者周禮酒正引此大酋爲酒正也此注大酋爲酒人不同者以酒正掌作酒法式及酒材之事故引大酋證之其實酒正掌酒之政令及酒出入之事不親監作此大酋監作故爲酒人也以酒人監作酒故也云古者穫稻而漬米麴至春事而爲酒者證此十一月命大酋作酒之事以十月穫稻於此月漬米麴至春而爲酒者謂春成也非春始釀故毛詩傳云春酒凍醪又注酒正云清酒今中山冬釀接夏而成是於仲冬季冬以釀也引詩者豳風七月之詩以證穫稻作酒之事

仲冬

餄

周禮（十二）上（廿三）下（廿六）之上（廿七）之下

（廿九）上

說（十七）之上（十六）之上之下（廿）之上

（會）

緒論補録（八）頁廿五

大戴（九）頁廿

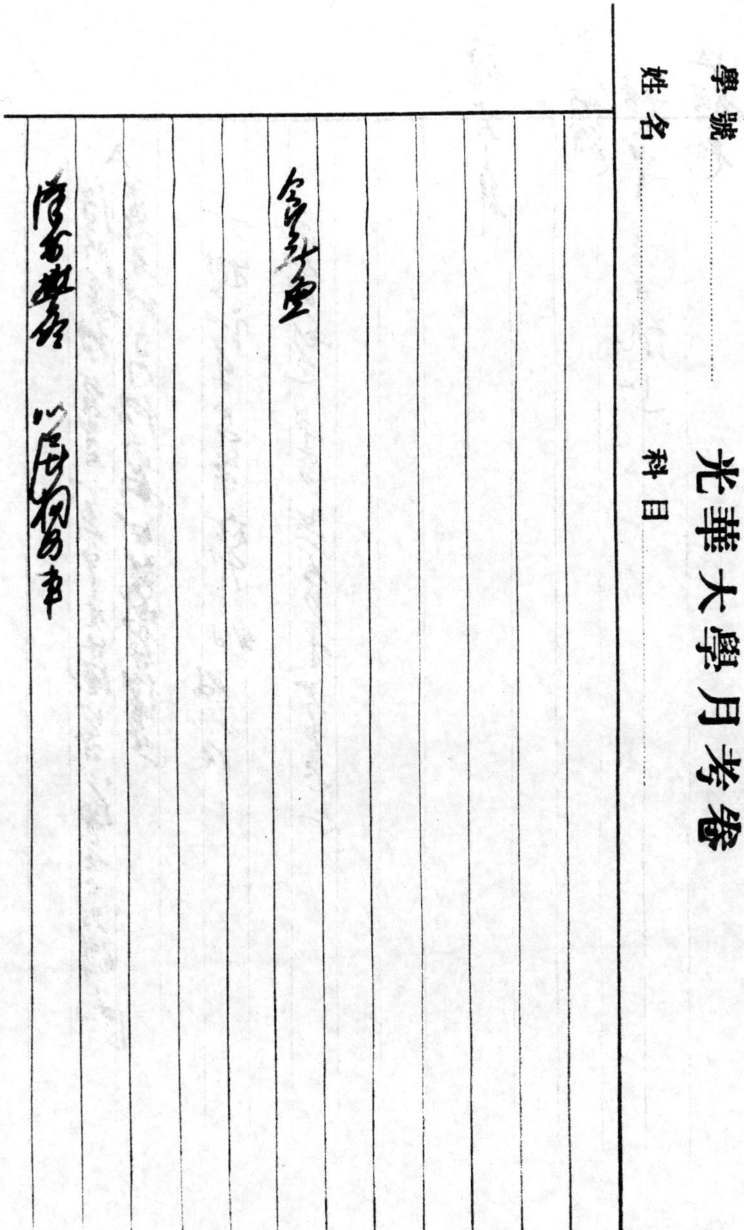
光華大學月考卷
學號
姓名
科目

〈隋書·長孫[illegible]傳〉[illegible]下[illegible]年[illegible]少[illegible]大[illegible]

[illegible]日[illegible]也

六經[illegible]字[illegible]等[illegible]注

[illegible]也[illegible]

備考一則

〈儀禮[illegible]石[illegible]書[illegible]〉

[illegible]老

答楊

菜殽肉殽爲對詞，段注說文殽部詳矣

蔬即鄭箋或作餗菜殽

食稿一

生實之牛肉說　醃菜說　蘊瓢　烹飪牛肉

說薑芥菜說　芼

論注說文閩部異

食物

桃諸梅諸諸為備備蓄乾而藏之

問二

十三日

許荅

食物

枸醬、枸蒟 說文段注艸部 ○又句讀

服食

至食卷已數稿之至
所之齋食至義

梜‖箸‖梜提

羹之有菜者用梜其無菜者不用梜梜猶箸也今人或謂箸爲梜提○梜古協反沈又音甲字林作筴云箸也公洽反箸直慮反疏羹之至用梜○正義曰有菜者爲鉶羹是也以其有菜交橫非梜不可無菜者謂大羹湆也直歠之而已其有肉調者犬羹兎羹之屬或當用匕也爲天子削瓜者副之巾以絺副析也既削又四析之乃橫斷之而巾覆焉○爲于僞反下同削息略反瓜古華反副普逼反絺勑宜反細葛析星歷反

曲禮上

飲食

飲食

古者飯用手

少牢云上佐食羞胾兩瓦豆有醢設于薦豆之北注云設於薦豆之北以其加也言北亦是左也云博異味者以其有湆有胾故也**尸飯播餘于篚**不反餘也古者飯用手吉時播餘于會古文播爲半【疏】尸飯播餘于篚。注不反至爲半。釋曰云古者飯用手者案曲禮云無摶飯又云無放飯飯黍毋以箸故知古者飯用手言此者證播飯去手爲放飯云吉時播餘于會者可知故決之**三飯佐食舉幹尸受振祭嚌之實于篚**飯間啗肉安食氣【疏】三飯至于篚。注飯間至食氣。釋曰云飯間啗肉安食氣者以其胳脊骨體連肉又在三飯之間故云飯間啗肉安食氣**又三飯舉胳祭如初佐食舉魚腊實于篚**尸不受魚腊以喪不備味【疏】又三至于篚。注尸不至備味。釋曰云尸不受魚腊者案經佐食舉魚腊不云尸受嚌之明尸不受魚腊可知云以喪不備味者案特牲三舉魚腊尸皆振祭嚌之此佐食舉魚腊實於篚尸不嚌故云喪不備味**又三飯舉肩祭如初**後舉肩者貴要成也【疏】又三至如初。注後舉至成也。釋曰云後舉肩者貴要成也者案禮記祭統云周人貴肩故云貴者要成也要成者據後食即飽也

十三經注疏　儀禮四十二　士虞禮　三

飽共飯不澤手　注：為汗手不絜也。澤謂挼莎也。禮
飯以手　正義：古之禮，飯不用箸，但用手。
毋放飯　注云：去手餘飯於器中，人所穢。正義云：手就器中取飯，
飯之黏著手，不得拂放本器中也。
飯黍毋以箸　用匕。正義云

景叔

曲禮共食不飽正義共食謂同事聚居非禮食則是同器食也既某器云共飯不擇手則此言飯始正義云共飯不擇手此亦共器盛飯也

紗會

袖普一日四萬七十毒

東坡民族華紗路

紗面紗務一 二一尺

[illegible]卅十五

[illegible]

○言偃復問曰夫子之極言禮也可得而聞與欲知禮終始所成。極如字徐紀力反與音餘孔子曰我欲觀夏道欲行其禮觀其所成是故之杞杞夏后氏之後也。而不足徵也徵成也無賢君不足與成也。吾得夏時焉得夏四時之書也其書存者有小正。有小正音徧本或作有夏小正。我欲觀殷道是故之宋而不足徵也宋殷人之後也吾得坤乾焉得殷陰陽之書也其書存者有歸藏。坤苦門反乾其連反坤乾之義夏時之等吾以是觀之觀於二書之意

疏言偃至觀之。正義曰言偃既見孔子極言禮故問其禮之終始可得聞不孔子曰我欲觀夏道以下至禮之大成荅以所成之事但語意既廣非一言可了所荅之辭凡有數節今略言之前云大道之行三代之英丘未之逮也而有志焉此我欲觀夏道至以是觀之論披撿二記之書乃知上代之禮運轉之事自夫禮之初至皆從其初論中古祭祀之事及死喪之禮今時所法於前取以行者自昔者先王至皆從其朔論昔者未有宮室火化後聖有作始制宮室炮燔醴酪之事今世取而行之故云皆從其朔但今世一祭之中凡有兩節上節是薦上古中古下節是薦今世之食自玄酒在室至承天之祜揔論今世祭祀饌具所因於古及其事義揔論兩節祭祀獲福之義自作其祝號至是謂合莫別論祭之上節薦上古中古之食併所用之物自然後退而合亨至是謂大祥論祭之下節薦今世之食此禮之大成一句總結上所陳之言也。我欲觀夏道者我欲行夏禮故觀其夏道可成以不是故之適於杞欲觀夏禮而與之成。而不足徵者徵成也謂杞君闇弱不堪足與成其夏禮然因往適杞而得夏家四時之書焉夏禮既不可成我又欲觀殷道可成與不是故適宋亦以宋君闇弱不堪足與成其禮吾得殷之坤乾之書謂得殷家陰陽之書也其殷之坤乾之書并夏四時之書吾以二書觀之知上代以來至於今世時代運轉禮之變通即下云夫禮之初以下是也。注欲行至所成。正義曰言我欲行夏禮觀此夏禮堪成與不知非直觀其禮而云觀其所成者以下云而不足徵。注杞夏后氏之後。正義曰案樂記云武王下車而封夏后氏之後於杞又史記云武王伐紂求夏后之後而得東樓公封之於杞是也。注徵成至成也。正義曰徵者徵驗之義故爲成若有賢君則自然成之當不須孔子而云無賢君不足與成者以杞是夏後雖有賢君欲成夏禮必須聖人贊佐若其君之不賢假令孔子欲往贊助終不能舉行夏禮雖助無益故論語云夏禮吾能言之杞不足徵則說之在孔子行之在杞君以杞君不能行故不足與成所以不能行者論語云文獻不足故也。注得陰陽之書。正義曰先言坤者熊氏云殷易以坤爲首故先坤後乾。注觀於二書之意。正義曰案孔子以大聖之姿無所不覽故脩春秋贊易道定禮樂明舊章今古墳典無所不載而獨觀此二書始知禮之運轉者以詩書禮樂多是周代之書皇帝墳典又不論陰陽轉運之事而夏之四時之書殷之坤乾之說並載前王損益陰陽盛衰故觀此二書以知其上代也。

○夫禮之初始諸飲食其燔黍捭豚汙尊而抔飲蕢桴而土鼓猶若可以致其敬於鬼神言其物雖質略有齊敬之

心則可以薦羞於鬼神鬼神饗德不饗味也中古未有釜甑釋米捭肉加於燒石之上而食之耳今北狄猶然汙尊鑿地爲尊也抔飲手掬之也蕢讀爲由聲之誤也由堛也謂摶土爲桴也土鼓築土爲鼓也○燔音煩捭卜麥反注作擗又作擘皆同汙尊烏華反注同一音作烏抔步侯反蕢依注音凷苦對反又苦怪反土塊也桴音浮鼓搥齊側皆反釜本又作鬴音父甑即孕反燒如字又舒照反鑿在洛反掬九六反本亦作臼音蒲侯反堛普逼反摶徒端反築徐音竹

及其死也升屋而號告曰皋某復招之於天○號音戶毛反皋音羔○然後飯腥而苴孰飯以稻米上古未有火化苴孰取遺奠有火利也苴或爲俎○飯扶晩反注同腥音星苴子餘反苞也徐爭初反遣弃戰反○故天望而地藏也體魄則降知氣在上地藏謂葬○知音智故死者北首首陰也○首手又反注同生者南鄉鄉陽也○鄉許亮反注同皆從其初謂今行之然也

疏 夫禮至飲食○正義曰此一節論上代物雖質畧以其齊敬可以致祭神明夫禮之初始諸飲食者從此以下至禮之大成皆是二書所見之事夫者發語之端禮謂吉禮此吉禮元初始諸於也始於飲食者欲行吉禮先以飲食爲本但中古之時飲食質畧雖有火化其時未有釜甑也其燔黍捭豚者燔黍者以水洮釋黍米加於燒石之上以燔之故云燔黍或捭析豚肉加於燒石之上而孰之故云捭豚○汙尊而抔飲者謂鑿地汙下而盛酒故云汙尊以手掬之而飲故云抔飲蕢桴者又摶土凷爲桴皇氏云桴謂擊鼓之物故云蕢桴○土鼓築土爲鼓故云土鼓○猶若可以致其敬於鬼神者言上來之物非但可以事生若如也言猶如此亦可以致其恭敬於鬼神以鬼神享德不享味也○注中古至鼓也正義曰伏犧爲上古神農爲中古五帝爲下古若易歷三古則伏犧爲上古文王爲中古孔子爲下古故易緯云蒼牙通靈昌之成運孔演命明道經蒼牙則伏犧也昌則文王也孔則孔子也故易繫辭云易之興也其於中古乎謂文王也若三王對五帝則五帝亦爲上古故士冠禮云大古冠布下云三王共皮弁則大古五帝時大古亦上古也不同者以其文各有所對故上古中古不同也此云中古者謂神農也知者以明堂位云土鼓葦籥伊耆氏之樂又郊特牲云伊耆氏始爲蜡蜡是報田之祭伊耆氏始爲蜡則於時始爲田也今此云蕢桴土鼓故知此謂神農也蕢讀爲凷者以經中蕢字乃是草名不可爲桴桴與土鼓相連由是土之流類故讀爲凷凷堛也廣雅文土鼓築土爲鼓者以與汙尊抔飲相連貴尚質素故知築土爲鼓周代極文而不爾也故杜注周禮籥章云以瓦爲匡不須築土或以爲桴則摶拊也謂摶土爲摶拊以手擊之而爲樂其築土爲鼓先儒未詳蓋築地以當鼓節不云築地鼓者以經稱土鼓故言築土順經文也經云禮之初始諸飲食謂祭祀之禮故始諸飲食其人情之禮起則遠矣故昭二十六年左傳云禮之可以爲國也久矣與天地並是也○及其至其初○正義曰上言古代質素此言後世漸文謂五帝以下至於三王及其身之死也升上屋而號呼告曰皋某復者謂北面告天曰皋某復引聲之言某謂死者名令其反復魄復魄不復然後浴尸而行含禮於含之時飯用生稻

十三經注疏 禮記二十一 禮運 圭

之米故云飯腥用上古未有火化之法苴孰者至欲葬設遣奠之時而用苞裹孰肉以遣送尸法中古脩火化之利也熊氏云升屋而號爲五帝時或爲三王時皇氏云中古也中古未有宮室皇說非也○故天望而地藏也者○天望謂始死望天而招魂地藏謂葬地以藏尸也○體魄則降知氣在上者覆釋所以天望地藏之意所以地藏者由體魄則降故也故以天望招之於天由知氣在上故也○故死者北首生者南鄉者體魄降入於地爲陰故死者北首歸陰之義死者既

歸陰則生者南鄉歸陽也○皆從其初者謂今世飯腥苴孰與死者北首生者南鄉之等非是今將始爲此事皆取法於上古中古而來故云皆從其初前文云燔黍捭豚謂中古之時次云及其死也似還論中古之死但中古神農未有宮室
上棟下宇乃在五帝以來此及其死也而云升屋則非神農時也故熊氏云及其死也以爲五帝時或爲三王時皇氏以爲及其死也還論中古時飯腥苴孰謂五帝時故云然後其義非也○昔者先王未有宮
室冬則居營窟夏則居橧巢寒則累土暑則聚薪柴居其上○窟苦忽反橧本又作增又作曾同則登反橧本又作巢助交反未有火化食腥也食草木之
實鳥獸之肉飲其血茹其毛未有麻絲衣其羽皮此上古之時也○茹音汝衣於既反○後聖有作作起然後脩火
之利孰冶萬物范金鑄作器用鑄之樹反○合土瓦瓴甓及甒大○合如字徐音閤瓴音令甓步歷反甒音武大音泰甒大皆樽名以爲臺榭宮室牖戶榭器之所藏也
○榭音謝本亦作謝牖音酉以炮裹燒之也○炮薄交反徐扶交反裹音果以燔加於火上○燔音煩以亨煑之鑊也○亨普伻反煑也下合亨同鑊戶郭反以炙貫之火上○炙之石反貫古亂
反以爲醴酪烝釀之也酪酢䤈○醴音禮酪音洛烝之承反釀女亮反酢七故反䤈才再反徐祖冀反治其麻絲以爲布帛以養生送死以事鬼
神上帝皆從其朔朔亦初也亦謂今行之然【疏】昔者先王至其朔○正義曰此一節更論上古之事昔者先王既云未有宮室則揔是五帝之前云未有火化之事則唯爲伏犧之前以上文中古神農
有火故也○冬則居營窟者營累其土而爲窟地高則穴於地地下則窟於地上謂於地上累土而爲窟○夏則居橧巢者謂橧聚其薪以爲巢○飲其血茹其毛者雖食鳥獸之肉若不能飽者則茹食其毛以助飽也若漢時蘇武以雪雜羊
毛而食之是其類也○後聖至其朔○正義曰此一節論中古神農及五帝并三王之事各隨文解之○後聖有作者謂上古之後聖人作起○然後脩火之利者謂神農也火利言脩者火利先有用之簡少至神農更脩益使多故云脩知者
以世本云燧人出火案鄭六藝論云燧人在伏犧之前凡六紀九十一代廣雅云一紀二十六萬七千年六紀計一百六十萬二千年也○范金合土者范金者謂爲形范以鑄金器合土者謂和合其土燒之以作器物○以爲臺榭宮室牖戶
者謂五帝時也○以炮以燔以爲醴酪及治其麻絲以爲布帛之屬亦五帝時也○皆從其朔者謂今世所爲范金合土燒炙醴酪之屬非始造之皆倣法中古以來故云皆從其朔○注孰治萬物○正義曰孰謂亨煑冶謂陶鑄也○注瓦瓴
甓及甒大○正義曰檀弓云有虞氏之瓦棺爾雅釋器云瓴甋謂之甓郭注云甎埤也禮器云君尊瓦甒又明堂位云泰有虞氏之尊此等皆燒土爲之○注榭器之所藏也○正義曰知者案宣十六年成周宣榭火公羊云樂器藏焉爾穀梁云樂器
之所藏是也○故玄酒在室醴醆在戶粢醍在堂澄酒在下陳其犧牲備其鼎俎列其琴瑟管磬
鐘鼓脩其祝嘏以降上神與其先祖以正君臣以篤父子以睦兄弟以齊上下夫婦有所
是謂承天之祜此言今禮饌具所因於古及其事義也粢讀爲齊聲之誤也周禮五齊一曰泛齊二曰醴齊三曰盎齊四曰醍齊五曰沈齊字雖異醆與盎澄與沈蓋同物也奠之不同處重古畧近也祝祝爲主人饗

神辭也嘏祝爲尸致福於主人之辭也祜福也福之言備也○醆側眼反粢依注爲齊才細反注五齊皆同醍音體嘏本或作假古雅反祜音戶粢讀音咨泛芳劒反徐音汎盎烏浪反【疏】故玄至之祜○正義曰此一節明祭祀因於古昔所供之物并酒之所陳之處○玄酒在室者玄酒謂水也以其色黑謂之玄而大古無酒此水當酒所用故謂之玄酒以今雖有五齊三酒貴重古物故陳設之時在於室內而近北醴醆在戶醴謂醴齊醆謂盎齊以其後世所爲賤之陳列雖在室內稍南近戶故云醴醆在戶皇氏云醴在戶內醆在戶外義或然也其沈齊所陳當在玄酒南醴齊北雖無文約之可知也以熊氏崔氏並云此據禘祭用四齊不用泛齊也○粢醍在堂者以卑之故陳列又南近戶而在堂澄酒在下者澄謂沈齊也酒謂三酒事酒昔酒清酒之等稍卑之故陳在堂下也○陳其犧牲者謂將祭之夕省牲之時及祭日之旦迎牲而入麗於碑案特牲禮陳鼎于門外北面獸在鼎南東首牲在獸西西上北首其天子諸侯夕省牲之時亦陳於廟門外橫行西上○備其鼎俎者以牲煑於鑊鑊在廟門之外鼎隨鑊設各陳於鑊西取牲體以實其鼎舉鼎而入設於阼階下南北陳之俎設於鼎西以次載於俎也故云備其鼎俎案少牢陳鼎于廟門之外東方北面北上又云鼎入陳于東方當序西面北上俎皆設于鼎西是也○列其琴瑟者琴瑟在堂而登歌故書云搏拊琴瑟以咏是也○管磬鐘鼓者堂下之樂則書云下管鼗鼓笙鏞以間是也其歌鍾歌磬亦在堂下○脩其祝嘏者祝謂以主人之辭饗神嘏謂祝以尸之辭致福而嘏主人也謂以降上神與其先祖者上神謂在上精魂之神即先祖也指其精氣謂之上神指其亡親謂之先祖協句而言之分而爲二耳皇氏熊氏等云上神謂天神也○以正君臣者祭統云君在廟門外則疑於君入廟門則全於臣是以正君臣也○以篤父子者祭統云尸南面父北面而事之是以篤父子也睦兄弟者祭統云昭與昭齒穆與穆齒特牲云主人洗爵獻長兄弟衆兄弟是以睦兄弟也○以齊上下者祭統云尸飲五君洗玉爵獻卿尸飲七以瑤爵獻大夫是也○夫婦有所者禮器云君在阼夫人在房及特牲夫婦交相致爵是也○是謂承天之祜者言行上事得所則承受天之祜福也○注此言至備也○正義曰今禮饌具所因於古者此玄酒在室及下作其祝號并然後退而合亨皆是今世祭祀之禮醴醆犧牲之屬是饌具也用古玄酒醴醆是所以因於古故言今禮饌具所因於古也云及其事義者從玄酒以下至其先祖以上是事也以正君臣以下至承天天之祜是義也云粢讀爲齊者案爾雅云粢稷也作酒用黍不用稷故知粢當爲齊聲相近而致誤引周禮五齊者是酒正文也鄭注云泛者盛而滓浮泛泛然如今宜成醪矣醴猶體也成而汁滓相將如今恬酒矣盎猶翁也成而翁翁然葱白色如今酇白矣緹者成而紅赤如今下酒矣沈者成而滓沈如今造清矣云醆與盎澄與沈蓋同物者以酒正文醴緹之間有盎此醴醍之間有醆又周禮緹齊之下有沈齊此醍齊之下有澄齊故云醆與盎澄與沈蓋同物也案此注澄是沈齊案酒正注澄酒是三酒二注不同故趙商疑而致問鄭荅之云此本不誤轉寫益澄字耳如鄭所荅是轉寫酒正之文誤益澄字當云酒三酒也則是與禮運注同然案坊記云醴酒在室醍酒在堂澄酒在下示民不淫也注云淫猶貪也又以澄爲清酒田瓊疑而致問鄭荅之云禮運云醴醆醍澄各是一物皆不言酒故推其意澄爲沈齊酒爲三酒坊記云醴也醍也澄也皆言酒故因注云澄酒清酒也其實沈齊也如鄭此言坊記所云醴酒醆酒五齊亦言酒則澄酒是沈齊也是五者最清故云澄酒非爲三酒之中清酒也是與禮運不異也云奠之不同處重古畧近者奠之或在室或在堂或在下是不同處古酒奠於室近酒奠於堂或奠於下是重古畧近云祝祝爲主人饗神辭者案特牲少牢禮云祝稱孝孫某用薦歲事于皇祖伯某尙饗是祝爲主人饗神辭云嘏祝爲尸致福於主人之辭者此下云嘏以慈告詩小雅云錫爾純嘏子孫其湛是致福於主人之辭也云祜福也者釋詁文福之言備也郊特牲又言嘉慶備具福之道也其用酒之法崔氏云周禮大祫於大廟則備五齊三酒朝踐王酌泛齊后酌醴齊饋食王酌盎齊后酌醍齊朝獻王酌泛齊因朝踐之尊再獻后酌醍齊因饋食之尊諸侯爲賓則酌沈齊尸酢王與后皆還用所獻之齊賓長酳尸酢用清酒加爵亦用三酒大禘則用四齊三酒者醴齊以下悉用之故禮運云玄酒在室

醴醆在戶粢醍在堂澄酒在下用四齊者朝獻王酌醴齊后酌盎齊饋食王酌醍齊后酌沈齊朝獻王酌醴齊再獻后還
酌沈齊亦尊相因也諸侯爲賓亦酌沈齊用三酒之法如祫禮也四時之祭唯二齊三酒則自祫禘以下至四時祭皆通
用也二齊醴盎也故鄭注司尊彝四時祭法但云醴盎而已用二齊者朝踐王酌醴齊后亦酌醴齊饋食王酌盎齊后亦
酌盎齊朝獻王還用醴齊再獻后還用盎齊亦尊相因也諸侯爲賓亦酌盎齊三酒同於祫三酒所常同不差者三酒本
爲王以下飲故尊卑自有常依尊卑之常不得有降祫禘時祭本明所用揔有多少故正祭之齊有差降也魯及王者之
後大祫所用與王禘之禮同若禘與王四時同用三酒亦同於王侯伯子男祫禘皆用二齊醴盎而已三酒則並用用二
齊之法朝踐君夫人酌醴齊饋食君夫人酌盎齊朝獻君還酌醴齊再獻夫人還酌盎齊諸臣爲賓酌盎齊尸酢君夫人
用昔酒酢諸臣用清酒加爵皆清酒時祭之法用一齊故禮器云君親制祭夫人薦盎鄭云謂朝事時也又云君親割牲
夫人薦酒鄭云謂進孰時也其行之法朝踐君制祭則夫人薦盎爲獻進孰時君親割夫人薦酒朝獻時君酌盎齊以酳
尸再獻時夫人還酌酒以終祭也賓獻皆酒加爵如禘祫之禮天子諸侯酌奠皆用齊酒卿大夫之祭酌奠皆用酒其酳
祭之法既備五齊三酒以實八尊祫祭在秋案司尊彝秋嘗冬烝朝獻用兩著尊饋獻用兩壺尊則泛齊醴齊各以著尊
盛之盎齊醍齊沈齊各以壺尊盛之凡五尊也又五齊各有明水之尊凡十尊也三酒三尊各加玄酒凡六尊也通鬱鬯
盛明水黃彝盛鬱鬯凡有十八尊故崔氏云大祫祭凡十八尊其明水鬱鬯陳之各在五齊三酒之上祭日之旦王服袞
冕而入尸亦袞冕祝在後侑之王不出迎尸故祭統云君不迎尸所以別嫌也尸入室乃作樂降神故大司樂云凡樂圜
鍾爲宮九變而降人鬼是也乃灌故書云王入大室祼當灌之時衆尸皆同在太廟中依次而灌所灌鬱鬯小宰注云尸
祭之啐之奠之是爲一獻也王乃出迎牲后從灌二獻也迎牲而入至於庭故禮器云納牲詔於庭王親執鸞刀啓其毛
而祝以血毛告於室故禮器云血毛詔於室凡牲則廟各別牢故公羊傳云周公白牡魯公騂犅案逸禮云毀廟之主昭
共一牢穆共一牢於是行朝踐之事尸出於室太祖之尸坐於戶西南面其主在右昭在東穆在西相對坐主各在其右
故鄭注祭統云天子諸侯之祭朝事延尸於戶外是以有北面事尸之禮祝乃取牲膟膋燎于爐炭入以詔神於室又出
以墮于主前郊特牲云詔祝於室坐尸於堂是也王乃洗肝於鬱鬯而燔之以制於主前所謂制祭次乃升牲首於室中
置於北墉下后薦朝事之豆籩乃薦腥於尸主之前謂之朝踐即此禮運薦其血毛腥其俎是也王乃以玉爵酌著尊泛
齊以獻尸三獻也后又以玉爵酌著尊醴齊以亞獻四獻也乃退而合亨至薦孰之時陳於堂故禮器云設饌於堂乃後
延主入室大祖東面昭在南面穆在北面徙堂上之饌於室內坐前祝以斝爵酌奠於饌南故郊特牲注云天子奠斝諸
侯奠角即此之謂也既奠之後又取腸間脂焫蕭合馨薌郊特牲注云奠謂薦孰時當此大合樂也自此以前謂之接祭
乃迎尸入室舉此奠斝主人拜以妥尸故郊特牲云舉斝角拜妥尸是也后薦饌獻之豆籩王乃以玉爵酌壺尊盎齊以
獻尸爲五獻也后又以玉爵酌壺尊醴齊以獻尸是六獻也於是尸食十五飯訖王以玉爵因朝踐之尊泛齊以酳尸爲
七獻也故鄭云變朝踐云朝獻尊相因也朝獻謂此王酳尸因朝踐之尊也后乃薦加豆籩尸酌酢主人主人受嘏王可
以獻諸侯於是后以瑤爵因酌饋食壺尊醍齊以酳尸爲八獻也鄭注司尊彝云變再獻爲饋獻者亦尊相因也再獻后
酳尸獻謂饋食時后之獻也於時王可以瑤爵獻卿也諸侯爲賓者以瑤爵酌壺尊醍齊以獻尸爲九獻九獻之後謂之
加爵案特牲有三加則天子以下加爵之數依尊卑不秖三加也故特牲三加爵別有嗣子舉奠文主世子諸侯謂之上

無當作元

嗣舉奠亦當然崔氏以爲后獻皆用爵又以九獻之外加爵用璧角璧散今案內宰云后祼獻則贊瑤爵亦如之鄭注云瑤爵謂尸卒食王既酳尸后亞獻之始用瑤爵則后未酳尸以前不用也又鄭注司尊彝云王酳尸用玉爵而再獻者用璧角璧散可知此璧角璧散則瑤爵也崔氏乃云正獻之外諸臣加爵用璧角璧散其義非也其禘祭所用四齊者禘祭在夏醴齊盎齊盛以犧尊醍齊沈齊盛以象尊王朝踐獻用醴齊后亞獻用盎齊王饋獻用醍齊后亞獻用沈齊尸卒食王酳尸因朝踐醴齊后酳尸因饋食沈齊諸臣爲賓獻亦用沈齊禘祭無降神之樂熊氏以爲大祭皆有三始有降神之樂又未毀廟者皆就其廟祭之其餘皆如祫祭之禮天子時祭用二齊者春夏用犧尊盛醴齊用象尊盛沈齊秋冬用著尊盛醴齊用壺尊盛盎齊是一齊用一尊司尊彝皆云兩者以一尊盛明水故皆云兩若禘祫之祭其齊既多不得唯兩而已前已備釋也時祭唯用二齊其諸侯用齊及酒皆視天子具如前說其魯及王者之後皆九獻其行之法與天子同侯伯七獻朝踐及饋獻時君皆不獻於九獻之中減二故爲七獻也禮器云君親制祭夫人薦盎君親割牲夫人薦酒是也子男五獻者亦以薦腥饋孰二君皆不獻酳尸之時君但一獻而已九獻之中去其四故爲五此皆崔氏之說今案特牲少牢尸食之後主人主婦及賓備行三獻主婦因獻而得受酢今子男尸食之後但得一獻夫人不得受酢不如卿大夫理亦不通蓋子男饋孰以前君與夫人並無獻也食後行三獻通二灌爲五也禮器所云自據侯伯七獻之制也一日尸酢侯伯子男亦用所獻之齊也。

〇作其祝號玄酒以祭薦其血毛腥其俎孰其殽與其越席疏布以冪衣其澣帛醴醆以獻薦其燔炙君與夫人交獻以嘉魂魄是謂合莫此謂薦上古中古之食也周禮祝號有六一曰神號二曰鬼號三曰祇號四曰牲號五曰齍號六曰幣號號者所以尊神顯物也腥其俎謂豚解而腥之及血毛皆所以法於大古也孰其殽謂體解而爓之此以下皆所法於中古也越席翦蒲也冪覆尊也澣帛練染以爲祭服嘉樂也莫虛無也孝經說曰上通無莫〇祝之六反徐之又反注同殽本或作肴戶交反越音活注同字書作括杜元凱云結草冪本又作羃同莫歷反衣其於既反澣戶管反示號音祇本又作祇齍音咨皇云黍稷大音大下大史同爓似廉反染如艷反又如琰反樂也音洛〇然後退而合亨體其犬豕牛羊實其簠簋籩豆鉶羹祝以孝告嘏以慈告是謂大祥此謂薦今世之食也體其犬豕牛羊謂分別骨肉之貴賤以爲衆俎也祝以孝告嘏以慈告各首其義也祥善也今世之食於人道爲善也〇鉶本又作鉶音刑盛和羹器形如小鼎羹音庚舊音衡別彼列反下文同此禮之大成也解子游以禮所成也

疏 作其祝號至是謂合莫〇正義曰此一節明祭祀用上古中古之法也玄酒以祭薦其血毛腥其俎此是用上古也孰其殽以下用中古也作其祝號者謂造其鬼神及牲玉美號之辭史祝稱之以告鬼神故云作其祝號〇玄酒以祭者謂朝踐之時設此玄酒於五齊之上以致祭鬼神此重古設之其實不用以祭也薦其血毛者亦朝踐時延尸在堂祝以血毛告於室也〇腥其俎者亦謂朝踐時既殺牲以俎盛肉進於尸前也〇孰其殽骨體也孰謂以湯爓之以其所爓骨體進於尸前也〇與其越席至澣帛皆謂祭初之時越席謂蒲席疏布謂麤布若依周禮越席疏布是祭天之物此經云君與夫人則宗廟之禮也此蓋記者雜陳夏殷諸侯之禮故雖宗廟而用越席疏布也〇衣其澣帛者謂祭服練帛染而爲之醴醆以獻者朝踐之時用醴饋食之時用醆〇薦其燔炙者謂燔肉炙肝案特牲禮主人獻尸賓長以肝從主婦獻尸賓長以燔從則此君薦之用炙也夫人薦用燔是也皇氏云燔謂薦孰之時爇蕭

合馨薌知不然者案詩楚茨云或燔或炙鄭云燔燔肉也炙肝炙也則知此燔炙亦然皇說非也君與夫人交獻第一君獻第二夫人獻第三君獻第四夫人獻是君與夫人交錯而獻也○以嘉魂魄者謂設此在上祭祀之禮所以嘉善於死者之魂魄是謂合莫莫謂虛無寂寞言死者精神虛無寂寞得生者嘉善而神來歆饗是生者和合於寂寞但禮運之作因魯之失禮孔子乃爲廣陳天子諸侯之事及五帝三王之道其言雜亂或先或後其文不次舉其大綱不可以一代定其法制不可以一槩正其先後者審此理則無所疑惑○注周禮至無莫○正義曰案周禮大祝辨六號一曰神號注若皇天上帝二曰鬼號若皇祖伯某三曰祇號若后土地祇四曰牲號若牛曰一元大武五曰齍號若稷曰明粢六曰幣號若幣曰量幣是也云號者所以尊神顯物者其神號鬼號祇號是尊神也牲號齍號幣號是顯物也云腥其俎謂豚解而腥之者案士喪禮小斂之奠載牲體兩髀兩肩兩胉并脊凡七體也士虞禮主人不視豚解注云豚解解前後脛脊脅而已是豚解七體也案特牲少牢以薦孰爲始之時皆體解無豚解以無朝踐薦腥故也其天子諸侯既有朝踐薦腥故知腥其俎之時豚解云孰其殽謂體解而爛之者體解則特牲少牢所升於俎以進神者是也案特牲九體肩一臂二臑三肫四胳五正脊六橫脊七長脅八短脅九少牢則十一體加以脡脊代脅爲十一體也是分豚爲體解此孰其殽謂體解訖以湯爓之不全孰次於腥而薦之堂故祭義曰爓祭祭腥而退是也此則腥以法上古爓法中古也云澣帛綵以爲祭服者此亦異代禮也周禮則先染絲乃織成而爲衣故玉藻云士不衣織云孝經說曰上通無莫者孝經緯文言人之精靈所感上通元氣寂寞引之者證莫爲虛無也○本元字作無謂虛無寂寞義或然也○然後至大祥○正義曰論祭饋之節供事鬼神及祭末獻賓并祭竟燕飲饗食賓客兄弟然後退而合亨者前明薦爓既未孰今至饋食乃退取爓肉更合亨之今孰擬更薦尸又尸俎唯載右體其餘不載者及左體等亦於鑊中亨煑之故云合亨體其犬豕牛羊者亨之既孰乃體別骨之貴賤以爲衆俎供尸及待賓客兄弟等體其犬豕牛羊謂分別骨之貴賤以爲衆俎知非尸前正俎者以此經所陳多是祭末之事若是尸前正俎當云是謂合莫不得云是謂大祥既是人之祥善故爲祭末饗燕之衆俎也實其簠簋籩豆鉶羹者此舉事尸之時所供設也若籩豆亦兼擯賓客及兄弟之等故特牲少牢賓及衆賓兄弟之等皆有籩豆及俎是也○祝以孝告嘏以慈告者此論祭祀祝嘏之辭案少牢祝曰孝孫某敢用柔毛剛鬣嘉薦普淖用薦歲事于皇祖伯某以某妃配某氏尚饗是祝以孝告少牢又云主人獻尸祝嘏主人云皇尸命工祝丞致多福無疆于女孝孫來女孝孫使女受祿于天宜稼于田眉壽萬年勿替引之是嘏以慈告言祝嘏於時以神之恩慈而告主人○是謂大祥者祥善也謂饋食之時薦今世之食於人道爲善故爲大祥○注各首其義者○正義曰首猶本也孝子告神以孝爲首嘏告孝子以慈爲首各本祝嘏之義也○

飲食

古以壺盛食

荀子勸學篇："譬之猶以指測河也，以錐飡壺也。"

飡，食也。壺中山處[illegible]壺飡[illegible]

[illegible]子[illegible]吳郡[illegible]壺盛以往

[illegible]其門[illegible]

[illegible]代[illegible]以壺[illegible]往

飲食

餕而不祭

餕餘不祭。父
不祭子。夫不祭妻。食人之餘曰餕餕而不祭唯此類也
食尊者之餘則祭盛之。餕子閏反【疏】餕餘至祭妻。正義曰餕者食餘之名祭謂祭先也
因前有賜餘故明食人之餘不祭者也凡食人之餘
及日晚食饌之餘皆云餕故玉藻云日中而餕鄭云餕食朝之餘也今此明凡食餘悉祭若不祭者唯此下二條也父不
祭子夫不祭妻者若父得子餘夫得妻餘不須祭者言其卑故也非此二條悉祭也父得有子餘者熊氏云謂年老致仕
傳家事於子孫子孫有賓客之事故父得餕其子餘夫
餕其妻餘者謂宗婦與族人婦燕飲有餘夫得食之。

西禮之

「君子食圖」膳

少似之　注之周禮圖作豢讀大豕一為食

羊豢是膳只作於人獮豚膳豬犬鷄

也之拱大之食肉豢者與人相似故只

子但食他處所無膳祇鷄鴨豈也

釋文圖與先生首意甚

昔孔門之人而視俗則不得為食　注以其亂乎已不謹

飲食

素食

漢書霍光傳十[illegible]道上不素食補注[illegible]卅二頁

飲食

十三經注疏 周禮四 天官

者案禮記少儀云膳于君子曰膳案玉藻膳於君葷桃茢彼謂諸侯之臣禮此王之臣亦應云致膳而云致福者凡祭祀主人受福若與王受福然故云致福知諸臣有致胙法者案春秋左氏昭十六年子產云祭有受脤歸脤彼注云受脤謂君祭以肉賜大夫歸脤謂大夫祭歸肉於公也今彼雖據諸侯禮王之臣致胙亦然故云歸胙於王也

以摯見者亦如之 鄭司農云以羔鴈雉爲摯見者亦受以給王膳 疏 以摯至如之 釋曰謂卿大夫以下新任爲臣者卿執羔大夫執鴈士執雉來見王故云以摯見者言亦如之者先鄭云亦受以給王膳也

是后世子內饔饋之故鄭云亦主其饌之數不饋之耳

凡肉脩之頒賜皆掌之 鄭司農云脩脯也 疏 凡肉至掌之○釋曰謂王以肉及脩脯頒賜羣臣則膳夫皆掌之○注鄭司至脯也○釋曰言脩脯也者謂加薑桂鍛治者謂之脩不加薑桂以鹽乾之者謂之脯則脩脯異矣先鄭云脩脯者散文言之脩脯通也

凡祭祀之致福者受而膳之 致福謂諸臣祭祀進其餘肉歸胙于王鄭司農云膳夫受之以給王膳 疏 凡祭至膳之○釋曰云凡祭祀者言凡則諸臣自祭家廟祭訖致胙肉於王謂之致福膳夫受之以爲王膳故云受而膳之○注致福至王膳○釋曰云致福者謂諸臣祭祀進其餘肉歸胙于王

飲食

六畜之牲之犧（先鄭司農：麋鹿麐之犧，繫牢飲宗廟）

古飲食（余謂圖象義）三牲犧 三犧 昭為之之犧酒

謂六畜猶象可牲犧之人 犧牲性如

以牛之供犧

十二月時可牲之牲如圖 牛羊犬 豕犬雞

飲食

貳‖重殽膳

偶‖陪客—或云不足一人

御同於長者雖貳不辭。謂侍食於長者饌具與之同也貳謂重殽膳也辭之爲長者嫌○重直龍反疏御同至不辭○正義曰御謂侍也同謂侍食而與長者同饌也貳謂重也侍者雖獲殽膳重而已不須辭其多也所以然者此饌本爲長者設耳若辭之則嫌當長者何肩云禮當盛饌宜辭以賤不能當之此侍食於長者盛饌不在己故鄭云貳謂重殽膳也辭之爲長者嫌也偶坐不辭。盛饌不爲己○偶五口反配也一曰副貳也坐才卧反又如字疏偶坐不辭○正義曰偶媲也或爲客設饌而召己往媲偶於客共食此饌本不爲己設故己不辭之也又一云偶二也若唯獨有己主人設饌己當辭謝若與他人偶坐則己不假辭以主人意不必在己也故鄭云盛饌不爲己並會兩通也

曲禮上

世引嫫母好美。嫫母醜惡，容好而言美人，錯不肯變。
言醜惡，美人歸其醜妻。誠傷賢，環好語，殊自發
中詞和婦嫫也。若言美人，美而嫫子，美而詞和是婦美人
自見醜惡也。嬌隱意誠，心不欲言，則言慎懷也

飲

齊必變食(孔曰改常饌)居必遷坐(孔曰易常處)食不厭精膾不厭細食饐而餲(孔曰饐餲臭味變)魚餒而肉敗不食(魚敗曰餒)色惡不食臭惡不食失飪不食(孔曰失飪失生熟之節)不時不食(鄭曰不時非朝夕日中時)割不正不食不得其醬不食(馬曰魚膾非芥醬不食)肉雖多不使勝食氣唯酒無量不及亂沽酒市脯不食不撤薑食(孔曰撤去也齊禁薰物薑辛而不臭故不去)不多食(孔曰不過飽)

鄉黨之

論語此以上皆共可解參、、、其凡書可也

從

飲食

坊記文

略

「……故食禮主人親饋則客祭主人不親饋則客不

飲食

凡牲皆用右胖者孝子饋曰亨在鼎曰升在俎曰載

士虞禮（喪禮之）虞殺……注

淬汙

飲食

陸氏云淬本或作染

婦餕者即席將餕也婦徹設席前如初西上婦餕舅辭易醬辭易醬者嫌淬汙

疏婦徹至易醬。○釋曰婦徹設于席前如初西上者此直餕餘舅辭易醬者舅尊故也不餕舅餘者以舅尊嫌相褻言西上者亦以右爲上也○注婦餕至淬汙○釋曰言將者舉未至婦餕以其此姑言婦餕之意至下文婦餕姑之饌乃姑餕耳云辭易醬者婦嫌淬汙者以其醬乃以指咂之淬汙也

婦餕姑之饌御贊祭豆黍肺舉肺脊乃食卒姑酳之婦拜受姑拜送坐祭卒爵姑受奠之奠之奠于篚

疏婦餕至奠之。○注奠之奠于篚。○釋曰云御贊祭豆黍肺舉肺脊者御贊婦祭之也鄭知奠之於篚者此云如取女禮取女有篚明此亦奠之于篚可知也

（書凡八）以何爲

飲食

巾爲禦塵 蓋爲尚溫

設洗于阼階東南洗所以承盥洗之器棄水者饌于房中醯醬二豆菹醢四豆兼巾之黍稷四敦皆蓋醯醬者以醯和醬生人尚褻味兼巾之者六豆共巾也巾爲禦塵蓋爲尚溫周禮曰食齊視春時疏饌于至皆蓋○注醯醬至春時○釋曰鄭知以醯和醬者得醯者無醬得醬者無醯若和之則夫妻皆有是以知以醯和醬也云生人尚褻味者此文與公食皆以醯和醬少牢特牲不言之故云然也引周禮釋敦皆有蓋者飯宜溫比春時故也

士昏禮（儀禮の）

飲食

器之溉者——陶梓（漆）——不寫——倒傳
不溉——萑竹
御——勸侑——食

及賤者被尊長之賜則不敢辭謙宜即受也不敢亢禮也敵者亢而有辭少者賤者故不敵也賜果於君前其有核者懷其核嫌棄尊者物也木實曰果○核戸革反御食於君君賜餘器之溉者不寫其餘皆寫重汙辱君之器也溉謂陶梓之器不溉謂萑竹之器也寫者傳已器中乃食之也勸侑曰御○溉古愛反重直勇反徐治龍反陶音桃瓦器也沈音遜萑音丸葦也傳直專反侑音又○疏御食至皆寫○正義曰御者非侍者但是勸侑君食也○君賜餘者謂君食竟以食殘餘賜御者也○器之溉者不寫者溉謂滌也寫謂倒傳之也若所賜食之器可滌溉者不畏汙則不須倒寫仍於器中食之食訖乃澡絜以還君也○其餘皆寫者其餘謂不可滌溉之器也若不倒寫久則浸汙其器又不可澡絜則褻尊者物也故皆倒寫之○注重汙至曰御○正義曰溉謂陶梓之器者陶是瓦器之屬梓是木器之屬並可滌絜之者何胤云梓漆也不溉謂萑竹之器者萑葦也是織萑為之器竹是織竹為之器並謂筐筥之屬並不可澡絜者鄭注司几筵職云萑如葦而細云勸侑曰御者何胤云勸侑謂卑者勸美尊者之食也

曲禮上

飲饌

饌之名廣雅最悉

反○　○肉腥細者爲膾大者爲軒言大切細切異名也膾者必先軒之所謂聶而切之也○腥音星字林作胜云不熟也先丁反聶本又作攝又作牒皆之涉反下同或曰麋鹿魚爲菹麕爲辟雞野豕爲軒兔爲宛脾切葱若薤實諸醯以柔之此軒辟雞宛脾皆菹類也釀菜而柔之以醯殺腥肉及其氣今益州有鹿䐹者近由此爲之矣菹軒聶而不切辟雞宛脾聶而切之軒或爲胖宛或作鬱○麕九倫反辟必益反徐芳益反注同宛于晚反脾婢支反醯徐呼兮反本或作䤈殺於儒反益州人取鹿殺而埋之地中令臭乃出

「跋食乃絶，猶聞隱乎」

以爲子高子路文，德「聞是隱，惠爲猶之所

以譏其不潔也」與此則古人反覆中，譏曰

虛口

○注人未辯客不虛口者
虛口謂食竟飲酒盪口使清潔及安食也用漿曰漱令口以漿清爲義用酒曰酳酳訓演言食畢以酒演養其氣主人若
食殽未辯則客雖已辯而不得輒酳漱也主人恒讓客不自先飽故客待主人辯乃得爲酳也此謂卑客耳敵客以上則
不待主人也音義隱云飯畢盪口也○注俟主至酳也○正義曰案公食禮云賓卒食會飯三飲鄭云三漱漿也明是食
竟漱也又云三飯竟設粱稻酒賓坐祭遂飲鄭云飲漱也此漱是三飧竟又有事故用漿漱口若如斯則公食之禮雖
設酒爲優賓不得用酳故鄭注彼云設而不舉明但以漿漱口而已也此是私客故用酒以酳所以異於公食禮也故鄭
此云謂酳也云客自敵已上其酳不待主人飽者客不
敵故待主人主人不先飽者緣主人不先飽故待之也

飲食

同人飲茶之風

中日交通史上册页189下册页445

食

人造脂

㈡食物——人類的飲食習慣，已有幾千年的歷史。過去素食的人不願葷食，而葷食的人又不慣素食。科學家對於這件事情，曾費了不少的努力，想把這兩種習慣溝通起來。素食和葷食的分別，不過是所吃的脂肪來源不同，倘使能設法把植物性油變成動物性油，這樣的「人造脂」，無論素食的或是葷食的，就都可以吃了。經過了許多科學家的研究，這理想畢竟是實現了，所以從一千九百年起，人造脂就漸漸在市場上銷行了。

案一九〇〇為光緒廿六年庚子

食

論衡祀義篇中人之體七八尺身大四五圍食斗食歠斗羹乃能飽足多者三四斗（見上牲）

食

廢曆中秋節

平市屠宰大批猪羊

〔北平〕本年中秋節前三日、就平市所徵收之屠宰稅調查、秋節中全市共屠殺猪羊牛數目、計猪八千六百餘頭、羊三萬二千七百餘頭、牛五千九百餘頭、總計共屠宰牲靈四萬九千餘頭、又由蘆台天津等處、運來螃蟹一萬四千餘公斤、約計當在數十萬個左右、饕餮家食量殊堪驚人、（二十五日專電）

廿三年九月

是年中秋為九月

二十三日

從

◎西餐禮節舉要　嘗百

友人自寗垣歸述有客初次赴西餐席以失儀爲人所笑因念上海楊月如先生所編纂修身講義有禮儀法書一種前蒙見贈中有記西餐儀節若干條爰摘要以供衆覽

西餐之桌概爲長方主人獨坐於桌之一端主人右爲首座左爲次座以下一右一左順序排列

西俗宴客主人主婦對坐於桌之兩端客坐於旁最尊之女客坐主人右最尊之男客坐主婦右以下男女客順次對坐如男客多於女客時則隨女客之後而坐於末位

食物用手取最爲粗俗惟食麪包概以手取大塊麪包不用刀切亦不宜齒齩宜以手撕碎送入口內如欲塗牛油及梅醬則用刀挑取塗括而食之

飲湯宜以匙取湯緩送至口向內傾入可免吸聲若湯垂盡匙不能取卽行停止切勿叮嚍括取飲畢置匙於碟內任僕收去

食肉用刀割取右手執刀左手執叉勿以手持骨齧嚼勿以手按骨而切執刀宜握其柄不可以指按於刀背切成小塊後叉而食之刀勿入口隨切隨食食畢將刀叉置於碟內撤存之骨宜堆置碟內一邊不可吐擲於地亦不可抛置桌上

食橄欖及其他水果之有核者不可當衆吐核宜以手作空心拳向口承接吐核於拳中隨放碟內

食巾（即摺疊於碟內或杯內之巾）專備揩拭手指嘴唇之用不可取以拭面汗及痰涕等凡揩汗拭涕宜用自己所帶之手巾用畢即藏袋內

主人若起立致祝詞等客宜起立致敬

食畢當由主人先自起立離席導入客室（乙種酬）

食

田野蔬菜
- [illegible]森林
- 合细合制
- 钱
- [illegible]
- 换挈

兽肉

米谷　磨粉糕饼　定居

鱼　[illegible]

果实草根　[illegible]

起源更在常时　树居

周秦閒國學者書錄

飲食

飲酒吃醋。唐書西域傳真臘不飲酒比之淫與妻飲房中避尊者

序

近種道人生食。未必無料之重經濟又不可得

晨起啜粥宋時已然東坡[illegible] 隨筆41

飲食

魏臣光未常藏只猶有司[redacted]請損有官蓄客

廪食肉三一歲經計省百五十九萬九

千八百五十六斤 路文貴揮盛為朕虞 六十二

飲食

山椒 防風 肉桂 桔梗 白朮
等分 三角形紅袋 入味淋中
以上名桝湯亦即屠蘇

周禮

驗之讀勇廬向說經來自高大到

方氏九刹馬賓於國云云

飲食

藏酒具

本館存全十二壺　溫具　溫注　甚殘

飲食

蒙拾子

東漢及三晉·十二

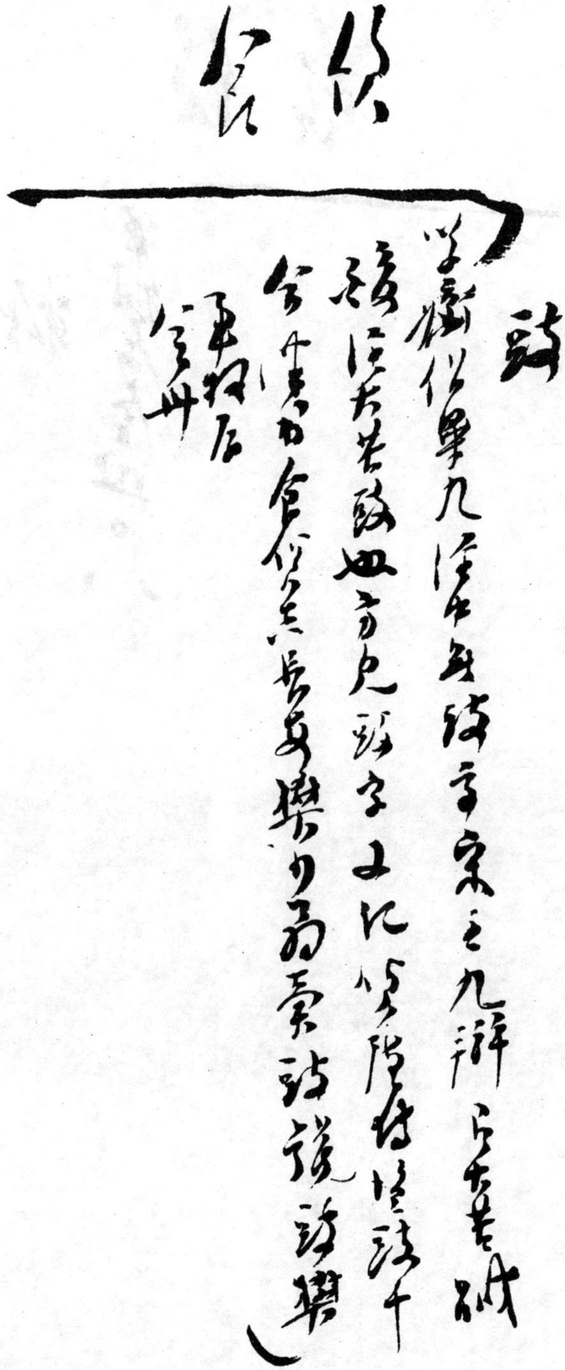

飲食

一 [illegible]

本類存全四十八

食

齋戒不忌食肉
陔餘叢考卷廿一
忌日居喪不御酒肉 國肉於葷由來
已久
同上

食

芝麻二升　糯米三升　俱以淘晒乾　文火炒　先將糯米磨粉　和入芝麻再磨　另用紅棗二斤　煮爛爲汁　同濾去皮核　與粉共石臼搗　爲丸如彈子大　約重五錢　白湯下　每服一丸可耐飢百日　久服不飢

黄豆七升　芝麻三升　以水淘淨　即蒸　不可浸多時　蒸過晒乾去殼　再蒸再晒　共三次　搗極

遂為丸如核桃大每服一丸可旬不飢
栗子紅棗胡桃柿餅四味去皮核搗爛作餅
曬乾日食一兩則不知飢

服飾

服飾提要

「服飾」一包札録，不分札。這包札録，部分是吕先生從《左傳》《漢書》《水經注》等史籍上摘録的資料，也有一些是讀《癸巳類稿》《陔餘叢考》《文化人類學》等書籍及報刊雜誌的筆記。

吕先生的札録，通常在天頭或紙角寫有分類標題，如「服飾」「花邊」「旗幟」等，有些札録也寫題頭。資料多爲史籍原文的節録或剪貼，並注明篇名卷第；未録原文的，也在題頭下記有資料出處。如第三二九頁「蹻，即今之鞋耳」注見《漢書·王褒傳》「六四下5下」（即卷六四下第五頁反面），第二八四頁「明衣冠之制度」注見《朱舜水集》「三·一九」（即卷三第十九頁）。札録中也有一些先生加了按語，如第二七三頁「運動衣」條，按「此近今運動衣矣」；第三二一頁「平底履」一條，按「然則非小兒之履底不平」；其他如第三一三、三一四、三二二頁等，都有長短不一按語。

「服飾」一包，有不少剪報資料，此次整理只收録了一小部分；札録的手稿部分，均按原樣影印刊出。

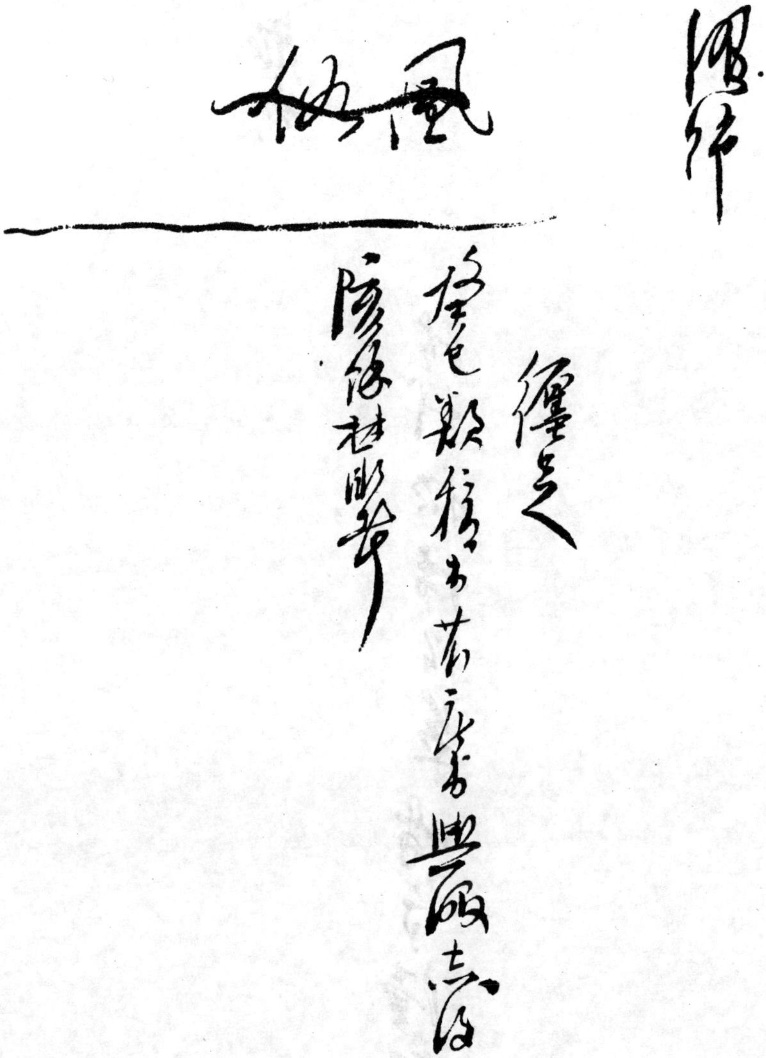

附錄

清代稅餉沿革隨手讀録二則

附

左右袒之左右無関上

從漢書陳涉傳「袒」乃稱右袒之補注

衣服

常鋪石室所刻衣冠真漢制

服禮注八七葉

新版

東阿古纈繡

羅振玉署

服飾

漢元教桂陽民織履

水經耒水注 卅九、七

服飾

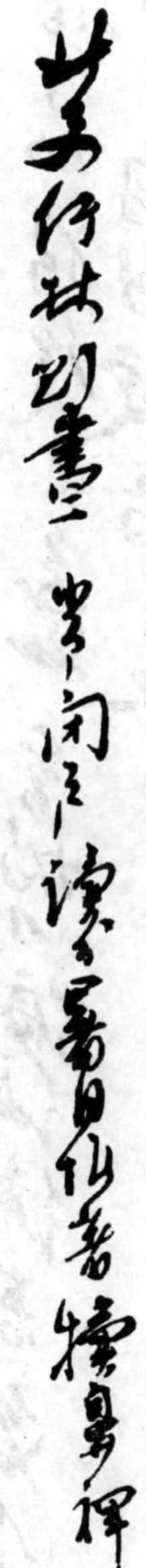

邪边

詩采菽傳曰：穀一表落纏之象，以纏偪訓義者

鞘備日之長者天子之服也。以古偪訓義今之纏

成以為膝襪及襪，即古語之軍馬屬

乘軍之所裝從之象也。曾物以偪訓纏著如，以

古以偪訓纏著之也

衣服

運動衣

陸軍第十三年付廣河團至國去ヲ出厳門

有成度黄縮衣大繪長翎去將之

作長大五寸翎被服時假爲ㇾ朔案

此頃今運動衣矣

前是年付心言矣ヲ疑衣矣錄ㇾ

冠婚……[illegible]

日知錄28

服飾

清代服飾

清代通史上 225 中 836

衣服飾

古經 口 28 8

「讀衣冠服制」

附史古籍紀[illegible]

[illegible]

服飾

木棉

於毛類綿及素貝木棉字義

又布布形等

服飾

續之

書稿原含四十卷七頁

服飾

網巾

明太祖微行至神樂觀見一道士于燈下結網巾問何物對曰此網巾也用以裹頭則萬髮俱齊明朝取其法網巾遂表之命取網巾十三頂頒示十三布政司遂為定制

婚姻

補婚姻姓宗廟祖

未抄全25頁

服飾

史志

昔用以指揮

麈尾 杜甫

鏡 孫方司煌氏

當時以何作 今年出宮 考之記何何在

本該之鏡邊之刻

服修

服補

印叢刊

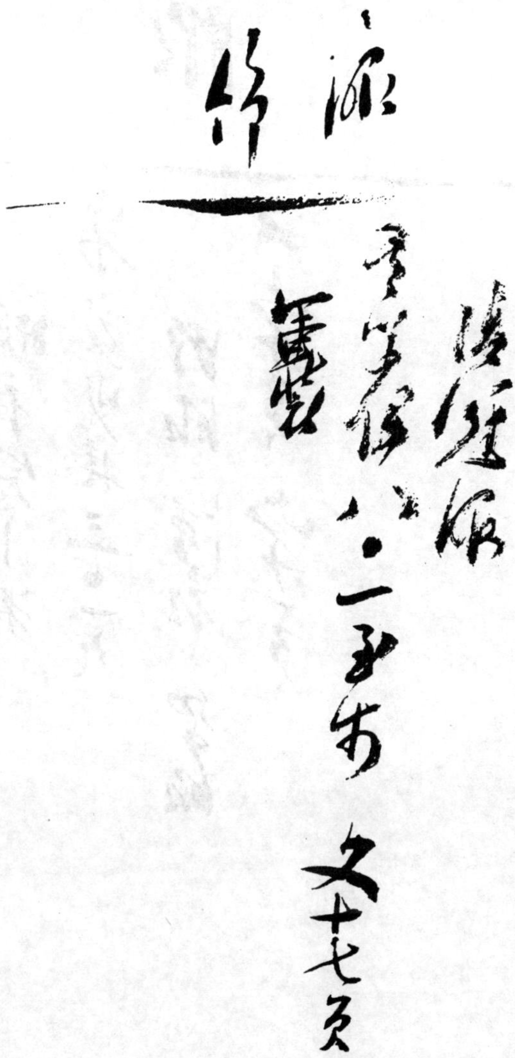

服

明初冠服制

宋學士集三一九

野服 深衣 留服

又七十五頁 七十二頁

服飾

刺繡源流

東方廿七・二

别者以本代之

趙儆明同罪錢 此語見王遷集跋 其又全

姑蘇離城一枝假枯木步步向南行去時

日一百歸來四月一程

服衣

海陸軍例之衣飾別等級

服飾（旗幟）

旗幟皆以畫爲别 參已存稿 二旗物畫

斿之旒數 公襄十六君若贅旒然注

徽號 生之徽識和死之銘旌 左昭廿一揚徽者公徒也疏 詩織文鳥章疏

四代表異旌旗之飾 明堂位有虞氏之緌〃〃注 四代旌旗斿 有虞氏之〃〃注

旌斿天八 不稱

「斿三尺不敢與天同」 緯含文嘉 左昭十公下使王黑以靈姑銔率吉請 「斿三尺而用之」注 靈姑銔公旗名

禮稽命徵云。禮，天子旗九刃。曳地。（十二旒）諸侯七刃。齊軫。（九旒）大夫五刃。齊較。（七旒）

士三刃。齊首。（五旒） 左昭七楚子之爲令尹也爲王旌以田疏 服氏疏 今夏官節

司常掌九旗 春官 管子九章第十七 兵法篇

屬謂徽識也。大傳謂之徽號。今城門僕射所被及亭長著絳衣。皆

其舊象。春官司常注

凡九旗之帛皆用絳。同上

皆畫其象焉。官府各象其事。州里各象其名。家各象其號。司常文

注 樹之於位。朝者各就焉。覲禮曰。公侯伯子男皆就其旂而立。此

其類也。大司馬所家有六 看詩織文鳥章疏

徽織亦知所建之旗而畫之但小耳以著於衣裡不宜長與長旌

之制。詩織文鳥章疏

其人身上之徽幟。墨子旗幟篇

畫號皆畫以雲氣。夏官司馬注書此說理誤五文亦書其 以事與其號焉注云書當為畫疑本然

服飾

厚衣之代人新字 97

襮褎說 認錦人多知蔽膝又認著衣女多裙

男生其實多是明世乃衣之裳襪衣之内

襪衣說 宜圓須蔽 此亦須蔽且須觀兩端上 [illegible]

裳裼說 至人確認此最重

北族人外衣裕人大概裳飾多裙衣服

[redacted]

[redacted]

服飾

[redacted]衣　非以蔽體

撒利拜人(Salish)惟係衣　非洲土人拂襟而背

之女衣

衣之利，戰勝於裸　惟塵遮蔽引起想

像　使得身體會顯

服飾

古世界溫帶的文化入北方民族亦復

蓋以氣候寒必須衣

人本不恥裸以裝飾實用蓋而蔽體當

時蔽體則不蔽體者遂〻從〻而恥之矣

非人天性猶童年〻

裸體野人之恥衣如文明人之恥裸

服飾

階級差別之服飾

天治社會與之

元始社會男子、較女子爲好裝飾
因此時婚姻男爲求愛者

服飾

衣分南北二式

文化人類学　九千九葉

服飾

古人結髮之形式

見考古所金村古墓……

「男女衣通稱裳」

内則文 畢與由古男女服本同

服飾

素服

古之素服袖無緣文蓋象衫服而用素者也

今之單衣也 右服十七種是年 已古降將注疏

服飾

死者左衽

喪大記小斂大斂祭服不倒皆左衽注

服飾

「古者以冠名服死者不冠」

儀禮 爵弁服純衣注

士喪禮 第

服飾

翣即扇所以障蔽之所以謝潔風塵羽蓋所以翳日奉車巾車輦車車疏

服

人造丝

㊀衣服方面——養了蠶來取絲，這種方法，在我國古代早就通行的了。但是這種幼稚的方法，實在非常麻煩的，先要種植桑樹，已費去了人類不少的心力。再用桑葉養蠶，直到能吐絲作繭，又須費去許多的精神。人類用這種麻煩的方法來取絲，差不多已有二千多年的歷史。科學家是做改良工作的人，對於這件與人類生活有重大關係的事情，當然不能輕易放過，所以從公元一千八百五十五年起，就有科學家想出簡易的方法來，不必種桑養蠶，用人工把植物的纖維變成像蠶絲一般的東西。大概到了一千八百九十二年的時候，現時所用的人造絲，便已發明了。蠶絲遇汗變黃，人造絲却不然；蠶絲對於光綫的反射力，也沒有人造强；而且人造絲的長度和粗細，可依人意製成，這是蠶絲所絕對做不到的。所以全世界人造絲的產額和銷數，都超過蠶絲。

案一八九二為光緒十八年

服飾

辭

玄蒼 求古錄禮說十三第天色玄間青蒼可通 同上の 百色說

玄與緇之別 同上の黔丹 色考間色說 玄緇散文通對別色說 同上 間

間色有五 杠樣相生二種色說 同上 間

綠古人不用從與綠字乃散文與青蒼通 同上·

紫紺緇緅皆赤黑之色紫多赤緅多青說紺緅青赤色非 同上

染絳一入為縓二入為䞓即赬經︰䞓三入為纁︰處六日彤棠

皆赤黃色以縓為䞓以纁為紅色非 同上 朱為染絳の入 同上

綦一作騏青多黑少非即黝與玄皆黑多青少以玄為黑赤色非

同上

秦二世時以青為黑︰為黃漢時猶存此語 同上

服飾

布之細者曰十五升 宋古錢釋説十の 爵弁韋弁異同解

黄衣狐裘考 同上十の

爵弁韋弁異同解 同上十の

玄焉裳異同 同上十の狐 吉服考

周官司常龜蛇為旐即物稱之鳥隼為旟即朱鳥熊虎為旗即

白虎交龍為旂即蒼龍日月為常即招搖亦即三辰旂旗及釋

天子傳七星旗蓋兼畫北斗招搖在上 同上の柘解

麻冕之黼裳黻裳形裳皆吉凶相半之服裳黻裳形裳解 同上十五麻冕黼

之端服考 同上十二

笄瑱考 同上十二

服飾

皮弁布衣辨 求古錄禮說十二

襲衣斂衣枚 同上十二

冕服考 同上八

左宣十六晉侯請於王以黻冕命士會與諸侯爲致美黻冕不同

同上

大常爲天子之旗非旌建之旗在上解 同上五拾

古禮君臣同服最多公服冕辨 同上十四三

古禮與賓嘉服可通用不通軍戎韋弁爵弁同解 同上十四爵弁

諸侯冕服考十 同上

世子亦得爵命服士服韋弁冕同解 同上十四爵弁

服飾

天色與東井才同始者星の首色說（米古錄釋說）

尚紫始於春秋後蓋爲君服始孔子惡紫奪朱鄭人爲宋王世之

侈服非 同上

赤爲黃朱色 同上

鞶服五色中去白樂五音中去商佩玉右徵角左宮羽亦無商

繪繡所備五采 同上

雜佩 說文段注瑤字下

香囊非香纓古佩草木香非如囊盛 癸巳存稿衿纓

容臭 癸巳存稿衿纓

庶人之妻與夫人同服錦衣一幅人衣錦云云 經訓書院自課文

髻今文作紒古文作結 段注說文 髟部髻

韠之諸名 同上韋部 韍句讀韍

韠爲常抑爲裳 說文句讀 韋部韠

鞶綅本字當作紱 說文段注 艸部蔽

作會如今人繡惟花作堆起之狀 隋刊古陵自 讀史第一篇

古人服裘毛表而革裏 詩古微七召南 答問之羔羊

製領即今之斗蓬雨衣 癸巳類稿 五製解

裼襲袒 實事求是齋經義一 駁蔡氏裼襲袒說

左袒者脫左袂而露其肩臂以爲袒袖誤 同上

裘革在內素絲以英之毛在外衣以裼之 同上

古賤服緇布衣淳樸然實事求是齋經義一士庶子非公卿之子篇辨

褻裘長短右袂當作襲裘十三經詁荅問八

景即絅衣疑已存稿一景

紂即綾之卄戟疑已存稿

管子立政刑餘戮民不敢服絲　繁露服制散民不敢服采刑餘戮民不敢服絲　度制古者庶人衣縵縵無文帛也　書大傳命民得乘飾車駢馬衣文錦　周官閭師凡庶民不畜者不帛

孟子五十者可以衣帛矣　鹽鐵論古者庶人耋老而後衣絲其餘則麻枲而已故命曰布衣　呂覽決勝廝輿白徒高注廝役輿衆白衣之徒

曲領。急就篇。袍襦表裏曲領帬。師古注曰。曲領者。所以禁中衣之領。恐其上擁頸也。其狀闊大而曲。因以名焉。隨書輿服志謂曲領梁陳以來始載之。則別施一衿矣。與今朝衣之領相似。

服物漢以後難明。周以前易明。東塾讀書記八 若夫宮室節

髦。儀禮既夕禮記。既殯。主人說髦。注。今文說皆作稅。兒生三月鬌髮為鬌。男角女羈。否則男左女右。長大猶為飾存之。謂之髦。所以順父母幼小之心。至此尸柩不見。喪飾可以去之。髦之形象未聞。疏。案詩云。髧彼兩[redacted]髦。鄭云。髦者髮至眉。子事父母之飾。以其云髧之者垂之貌。又云兩髦。故以髮至眉解之。其狀則未聞。

外縪内縪。儀禮既夕禮記冠六升。外縪。纓條屬厭。注縪謂縫著於武也。外之者外其餘也。纓條屬者通屈一條繩爲武垂下爲纓。屬之冠。厭伏也。疏古者冠吉凶皆冠武别材。武謂冠卷。以冠前後皆縫著於武。若吉冠則從武上鄉内縫之。縪餘在内。謂之内縪。若凶冠從武下鄉外縫之。謂之外縪。

禮之通例衣與冠同色。儀禮士冠禮主人玄冠朝服云云疏

太古未有喪冠。儀禮士冠禮記始冠緇布之冠也。大古冠布齊則緇之。注大古。唐虞以上。云云。重古。始冠之其齊冠。白布冠。今之喪冠是也。疏云云。大古時吉凶同服白布冠。未有喪冠之代有牟追之等。則以白布冠爲喪冠。若然。喪服起自夏禹以下也。

冠義冠而敝之可也注此重古而冠之耳三代改制齊冠不復
用也以白布冠質以為喪冠也儀禮補疏云據士以上……若
庶人猶著之故詩云彼都人士臺笠緇撮是用緇布冠韜其髮
是庶人常服之矣

鉤袒。儀禮士虞禮佐食許諾。鉤袒。取黍稷祭於苴。注鉤袒如今
擐衣也。疏……若漢時人擐衣以露臂……　揎衣出臂曰揎
即擐袂說文作纕即士虞禮之鉤袒列女傳之引袵實事求是齋經義賦
蔡氏禮餘祀說　秦擐臂繩見說文糸部

指擐。韝露衬利於使取其指擐毛傳靜女之史以指擐進退御
書

内具。天官司服后之衣。共其衣服。凡内具之物。注内具。紛帨線
纊鞶袠之屬。
衡牙。玉藻佩玉有衡牙。大戴保傅佩玉上有葱衡。下有雙璜衡
牙

直裁。即布單衣。士喪禮浴衣於篋。注浴衣已浴所衣之衣。以布
爲之。其制如今通裁。疏云如今通裁者。以其無殺。即布單衣。漢
時名爲直裁。以秦漢法爲況。
幕布。屬幅不削幅。衣不至膝下。儀禮既夕禮記明衣裳。用
幕布。袂屬幅。長下膝。注幕布。帷幕之布。升數未聞也。屬幅。不削
幅也。長下膝。又有裳。於蔽下體深也。疏布幅二尺二寸。凡用布。

謂削去邊幅旁一寸為二寸計之。則此不削幅謂緣使相著。還以袂二尺二寸。……凡平為袂。以其有襞。故不至膝下。此又有襞。而言膝下。明云招蔽下將深也。

紫衣君服。左哀十七。紫衣狐裘。杜注。紫衣君服。正義曰。賈逵云然。杜從之。紫衣為君服。禮無明文。要此云紫衣。言良夫不合服之。玉藻云。玄冠紫緌。自魯桓公始也。鄭玄云。蓋僭宋王者之後服也。管子稱齊桓公好服紫衣。齊人尚之。五紫而易一素。孔子云惡紫之奪朱。蓋當時人主好服紫衣。君既服紫。則臣不得僭。

案以紫衣為王者所服亦近億測。知義疏所引諸文。要足見時俗之尚紫耳。此可見俗好染色而賤素且好首色也袒裘不釋劍。左哀十七紫衣狐裘。至袒裘不釋劍而食。正義：袒。

裘上有衣謂之裼。〻〻裼衣之上。乃有朝祭正服。裘上有兩衣

也。如此兩衣。襲則二衣皆重之。裼則袒正服。露裼衣。玉藻云。裘

之裼也。見美也。君在則裼。盡飾也。服之襲也。充美也。然則在君

之所。於法惟有露裼衣耳。無露裘之時。今良夫為食熱之故。偏

袒其裘。則露裘也袒。是不敬也。劍是害物之器。不得近至尊。故

近君則釋劍。良夫與君食而不釋劍。亦不敬也。

裳下服賤。詩摻摻女手。可以縫裳。箋云。言女手者。未三月。未成

為婦。裳。男子下服。賤。又未可使縫。正義。曲禮曰。諸母不漱裳。惟

垢裳不漱。則衣可漱。明裳為賤。案周官男子首服及官弁師掌

之王后首服，追師掌之。而屨人職云：掌王及后之服屨。正義亦
云：舄在下體賤，故男子婦人同在此官。此近附會。蓋治冠之功
較繁，治屨之功較簡，故一分職而一同功耳。

屨名不借，乃搏腊鞾音。說文句讀糸部繲。

漱澣以灰　手曰漱，足曰澣。內則：冠帶垢，和灰請漱。衣裳垢，和
灰請澣。注：手曰漱。足曰澣。和，清也。正義曰：此漱澣對文爲例耳，
散則通也。故上文記云：諸母不漱裳。是裳亦漱也。詩周南箋云：
澣謂濯之耳。亦是不用足。

西周衣服。劉師培中國歷史教科書頗敘之，淵省的初學可看。

偃領　假屨飾。儀禮士昏禮：女從者（注謂姪娣也）畢袗玄纚笄被穎

黼在其下。注：天子諸侯后夫人狄衣，卿大夫之妻，刺黼以為領。

如今偃領矣。士妻之㡙施襌黼於領上，假盛飾耳。言被，明非常

服。疏云：如今偃領矣者，[redacted]崖漢法，鄭君目驗而知。爲今已遠，偃領

之制亦無可知也。

邃瘕之顛頭即今假兩。說文內讀（頁部顯）

吉服於凶事為吉，於吉事為凶，非吉服之謂。（詩東山疏）

蓑笠。儀禮既夕禮記：稾車載蓑笠。注：蓑笠，禦雨服。正義：詳無羊

詩云：爾牧來思，何蓑何笠。傳注云：蓑所備雨，笠所以御暑。兩山

并云備雨者，非直蓑以御雨，笠亦以備雨。故都人士詩注云：笠所

以御雨……

縰則今人謂〻爲纚也。儀禮喪服付疏〻者何纚[redacted]也疏

衣服質進。淮南氾論高首

[redacted]不借。儀禮喪服傳曰〻〻繩屨者。繩菲也。注繩菲。今時不借也。

疏〻〻〻此亦茶屨。不自從人借。亦不自借人。

古人冒而句領冠義釋題下疏

世本云黃帝造火食旃冕同上

纓。士昏禮主人入。親說婦之纓。[redacted]注婦人十五許嫁。笄而禮之。因著纓。明有繫也。蓋以五采爲之。其制未聞。正義此纓與男子冠纓異。彼纓垂之兩傍。結其頤。此女子纓不同於彼。故云其制未聞。

纓有幼小纓許嫁之纓。笄亦有安髮之笄。固冠冕之笄。同上

緇布冠今小吏冠其遺象也 士冠禮爵弁皮弁緇布冠爲一匯注

後十四字辨於中庸

古人言屨以通於復今世言屨以通於禪俗易語反[redacted]屨人注

皮弁以白鹿皮爲冠象上古也 士冠禮皮弁服注

經典云素有三義。衣裳謂白繒畫繢謂白色器物謂無飾見士冠禮皮弁服素積緇帶素韠注

白虎通義疏對與禮器不合 卷十論冕制 未節疏證

副編髮爲之編讀爲辮。毛傳副者后夫人之首飾。編髮爲之。疏

周禮追師掌王后之首服。爲副編次。爲作之。爲副編次謂作副亦以編髮次第爲之也。編讀爲辮。次讀爲髲。說文。髲用梳比之。用梳比謂之次。以他人髮而梳比之。是謂之編次。傳言編髮即本

周禮編次爲副。鄭司農注云。副者婦人之首服。仲師不爲編次
作解。則與毛意合矣。推鄭注以副編次爲婦人三等之首服。與
毛不同。

說屨主人先左賓先右儀禮鄉飲酒禮說屨揖讓如初升坐注凡堂上行禮之法
立行禮不說屨坐則說屨屨賤則不宜陳於側故降說屨於
側升坐疏同上賈疏著屨之法坐左納右坐右納左同上排闔
說屨於戶內者一人而已矣有尊長在則否少儀文注在之內也以來之禮皆說
屨於戶外曲禮戶外有二屨言聞則入言不聞則不入疏云此
謂兩人體敵故二屨在外曲禮侍坐於長者屨不上於堂注屨
賤也則不陳於尊者之側解屨不敢當階注爲妨後升也就屨跪而舉之屏於側注謂

猶遲也。執種着卿長者而屨跣而遷屨俯而納屨　注謂長者送
也屨亦不當階　之也不得屨
遷之而已之之遷或為還　凡燕坐必說屨屨賤不在堂也　儀禮燕禮賓及卿大夫皆
說屨升就　若說屨於席側　同上　饗在廟立行禮　同上
席……注　疏
考工記函人為甲。犀甲七屬。兕甲六屬。合甲五屬。犀甲壽百年。兕
甲壽二百年。合甲壽三百年。凡為甲必先為容。然後制革。權其
上旅與其下旅。而重若一。以其長為之圍。注屬讀如灌注之
注。謂上旅下旅札續之數也。革堅者札長。鄭司農云。合甲削革
裹肉。但取其表合以為甲。　疏一葉為一札。上旅之中。續札七
節六節五節。下旅之中。亦有此節。　注服者之形容也。鄭司農
式。容謂象式。又鄭司農云。上旅謂要以上。衣也　疏謂下旅謂要以下。

疏：脩裳也。从春秋傳曰：棄其甲裳者也。
褖衣。士喪禮：褖衣以凡，緇加緣。注：緣之制，蓋如今衣加之以當衽
道罪靡。今衣鮮好也。裳亦好也。疏：襄陽户襟好衣裳，用布襟屬
幅。長下膝。鄭注云：長下膝。又有裳。於蔽下體深也。此裳之制與
正文。故云蓋……此據時尚飾。不用布。來討云。衣錦聚衣。裳錦
聚裳。鄭云：聚禪也。蓋以禪縠爲之……
縫人。天官縫人，掌王宮之縫線之事。以役女御。謂爲女御以縫
王及后之衣服。表縫粉飾焉。衣翣柳之材。掌凡內之縫事。
柳，此諸色所聚，日將沒其色赤黃有餘色。天官縫人疏
獻體解衣。左昭廿七：置甘獻體改服於門外。注

屐上旋履。方言鞾角。郭注。今漆履有齒。釋名。仰角屐上旋履之名也。急就篇作卬角。顏注。卬角。屐上旋履也。所著今之木屐。而下有齒焉。

平底履。說文。靸。小兒履也。急就篇注。靸謂韋履頭深而兌平底者也。俗謂之跣子。案。然則非小兒之履。底不平也。

蒼頭。蘇秦說魏王。蒼頭二十萬。異軍蒼頭特起。皆兵

玉亦有裼襲。皇氏之說見下。如禮。執玉其有藉者則裼。其無藉則襲。疏

執玉之制。見同右

步六尺冠六寸　論衡十二 謝短

劍曰鉤冠四者人之盛飾制[illegible]服（丙14）

帶之形制同於韠，但多為服異其名。詩曹風候人

湅曰湅帛。見考工記㡛氏

蜃蛤。士冠禮素積白屨，樹之魁蛤也。考工記㡛氏湅帛渥之以

蜃注：玄謂湅繒材之令帛白

掌葛。掌以時徵絺綌之材於山農。凡葛征，徵草貢之材於澤農。周官地官

玉錦：錦之文纖縟者也。儀禮聘禮注

袺包。勉案：實原於古之袪衣，看深衣群例三

革繡。說文革部：鞼，韋繡也。段注：齊語注、管子曰：輕罪贖以鞼盾一

戟。韋曰。韇脩。緻革有文如韇也。因漢書烏桓傳曰。婦人能刺韋
作文繡。

韘
即玦著右手巨指。拾一名遂。以韋為之。著於左臂。詩童子佩韘疏
皮弁以征。又成二年逢丑父者。頃公之車右也。面目與頃公相似。
衣服與頃公相似。代頃公當左。解詁。衣皮弁以征。故言衣服相
似。

玉藻。士不衣織。注。織染絲織之。士衣染繒也。
墨子兼愛中篇。昔者晉文公好士之惡衣。故文公之臣。皆牂羊之裘。
韋以帶劍。練帛之冠。入以見於君。出以踐於朝。下篇。昔者晉
文公好苴服。當文公之時。晉國之士。大布之衣。牂羊之裘。練帛

之冠，且苴之履，入見文公，出以踐之朝。案淮南子俗亦有類此之文云：昔者齊桓公高冠博帶，金劍木盾，以治其國，其國治。昔者晉文公大布之衣，牂羊之裘，韋以帶劍，以治其國，其國治。昔者楚莊王鮮冠組纓，絳衣博袍，以治其國，其國治。昔者越王句踐，翦髮文身，以治其國，其國治。

墨子辭過：古之民未知為衣服時，衣皮帶茭，冬則不輕而溫，夏則不輕而凊。聖王以為不中人之情，故作誨婦人，治絲麻，梱布絹，以為民衣。為衣服之法：冬則練帛之中，足以為輕且暖；夏則絺綌之中，足以為輕且凊。謹此則止。故聖人之為衣服，適身體，和肌膚而足矣。非榮耳目而觀愚民也。……當今之主，其為衣服，則與此異矣。冬則輕煗，夏則輕清，皆已具矣。必厚作斂於百姓。暴奪民衣食之財。以為錦繡文采靡曼之衣。鑄金以為鉤。珠玉以為珮。女工作文采。男工作刻鏤。以為身服。此非云益煗之情也。單財勞力。畢歸之於無用也。以此觀之，其為衣服，非為身體，皆為觀好。」

古甲用皮，秦漢以來用鐵。書費誓疏：經典皆言甲冑。秦世已來始有鎧兜鍪之文。古之作甲用皮。秦漢已來用鐵。鎧鍪二字皆從金。蓋用鐵為之，而因以作名也。

公桑蠶室。見禮記祭義

三禮通例言畫皆為畫雲氣（天官冪人疏）

周尚文好用黼用文德則藏可人尺官冪人綁

韋衮冕而南冠以出不忘曾與子周陸華叢云言陳（三〇上）

跗注。晉語鄢之戰，郤至以韎韋之跗注三逐楚平王卒。注：跗注，兵服，自要以下注於跗。（十二廿二上）

秦策異人至。不韋使楚服而見。王后悅其狀。高其知。曰：吾楚人也。而自子之。（七廿上）

齊策田需言：下宮糅羅紈。曳綺縠。而士不得以為緣。（十一五上）

又王孫賈乃入市中曰。淖齒亂齊國。殺閔王。欲與我誅者袒右。市人從者四百人。與之誅淖齒。刺而殺之。（十三下）

且服奇而志淫。是鄒魯無奇行也。趙策武靈王論胡服語（十九二上）

玄校。大戴記夏小正八月剥瓜。畜瓜之時也。玄校。玄也者黑也。校也者。若綠色然。婦人未嫁者衣之。

襜褕，直裾禪衣也。（漢書外戚恩澤侯表注（十八上））　祇裯，短衣，即襜褕。（後書羊續傳注（三一下））

貫頭衣（漢書地理志（廿八下））

椎結（漢書四三下）

褠袂，猶今人云揎臂耳。（漢書鄒陽傳注（五一下））

東方朔傳：朔言文帝足履革舄。師古曰：革，生皮也。不用柔革。言儉率也。（六五上）　貢禹言孝文皇帝衣綈履革（七二上）　鄭崇傳：每見曳革履（七七下）

躧履起迎（漢書雋不疑傳（七一上））

亞，古惡字（漢書韋賢傳注（七三上））

狐白，謂狐腋下皮。今人以背毛稾白（漢書匡衡傳注（八一上））

「擢之皂衣之吏廁之爭臣之末」漢書谷永傳師奏 後書河主風（八五上）

「蹻」即今之鞋耳 漢書王褒傳注（六〇下上）

「綃頭」。見後書獨行向栩傳（八十一下）逸民周黨傳（八三上）

「屣履」謂納履曳之而行言急遽也 後書崔駰傳注（八二上）

羽衣緝鳥羽以為衣也 後書酷吏事傳注（八七上）

續書百官志平準令主練染作采色（四六上）

鄙人不識冕謂之平天冠 續書輿服志注引蔡邕（四十二上）

劉氏冠以竹皮為之楚冠劉氏謂之鵲尾冠 續書輿服志（四十二上）

後書鞞侍帷重瓔珠以綴衣為飾及縣頭垂耳（八九上）

絳衣大冠為將軍服 後書光武紀（一上）

韋帶。後書周磐傳乃解韋帶，就孝廉之舉。注：以韋皮爲帶，未仕之服也。求仕則服革帶，故解之。賈山上書曰布衣韋帶之士也。

（四九頁）

母之於女穿耳附珠。三國吳志（十九頁）

節服氏與王同服，見疏。周官夏官

西裝考略

官 量之剖析之不隨之知窄然置之其中

領硬

夏熱冬冷 冬世爐大西人譏華人冬衣太多然

爐大彼壞其氣不如多衣 胃最弱護下不

謹體溫易散易感冒

秋勞役長衣圓不便然圓短衣

背長衣闊胴袜不然其闊胴也否視其縫弱及尖

教悖

袴褶後不能立乃易以從

腰衣北人初為袍式以乃衫袴之[illegible]中國人反

致之

[illegible]

器用

器用提要

「器用」一包札録，内分「器用」和「器用中」二札。大多是呂先生從《荀子》《史記》《漢書》《後漢書》《三國志》等史籍上抄録的資料，也有一些是讀《陔餘叢考》《事物原會》等書籍的筆記。

呂先生的札録，通常在天頭或紙角上寫有類别名稱，如「器用」「用具」等，或寫有題頭，再節録史籍原文，如第三三五頁「書案」下節録《後漢書·劉玄傳》材料。有些未録原文的，也在題頭下注明史籍的篇名卷第，如第三三七頁「寢則同床」注見「蜀六一上」，「與雲同床眠卧」注見「六4下」（即《三國志·蜀志》卷六第一頁正面和第四頁反面）。札録中也有一些先生加的按語，如第三四二頁「古鏡之少」條下，幾乎全是先生的按語；其他如第三四七、三五二頁等，也有長短不一的按語。第一札中《晉書》《宋書》《齊書》和《南史》等資料，摘録時已做了文字比對，並用紅筆標出異同。

「器用」一包，也有些剪報資料，此次整理未予收録；札録的手稿部分，均按原樣影印刊出。

器用

歷代之磁

中國考古學史頁8 17 148 98 奄城金山訪古記序

陶器叢錄 磚瓦 磁陶之分 著錄

磁陶之分

同上頁97—99

器用

摺扇通用始於明

中日交通史下册頁264

器用

書案。後漢書劉玄傳：韓夫人尤嗜酒，每侍飲，見常侍奏事，輒怒曰：帝方對我飲，正用此時持事來乎！起，抵破書案〔什物〕（四一下）

瓦器。後漢書宣秉傳：秉性節約，常服布被，蔬食瓦器。帝嘗幸其府舍，……即賜布帛帳帷什物。注：軍法五人為伍，二伍為什，則共其器物，故通謂生生之具為什物（五七上）

又王良傳：布被瓦器（五七下）

木器無文。後漢書郎顗傳：顗言「孝文皇帝綈袍革舄，木器無文」（六十下）

器用

諸葛菜 見隋鄭善果傳（七七下）參看李諤 朱綽傳

今不重 時衛棗上下了 三 植（八二下）

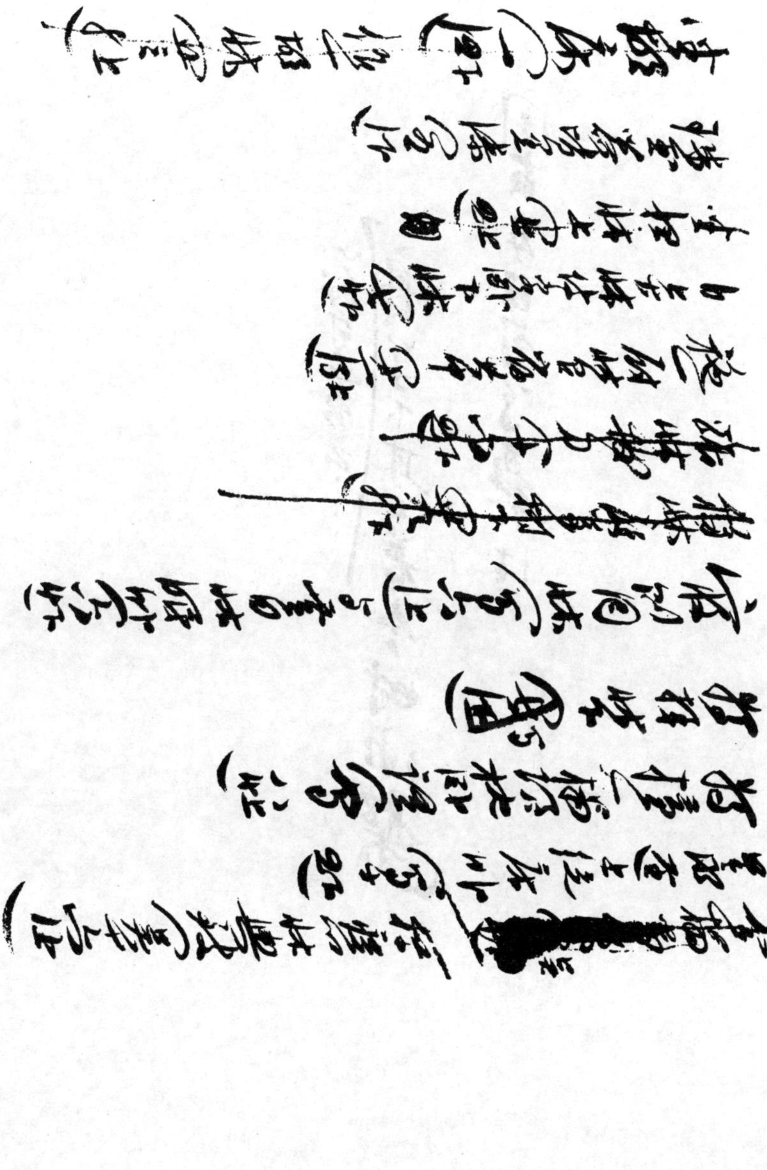

券

「以鄭司農云……

質劑下其直若今時州縣」

周官秋官司寇释注

九鼎

史記周本紀「命南宮括史佚展九鼎保玉」「成王在
豐……居九鼎焉」「定王元年……楚兵乃去」秦本紀具
楚……三年楚莊王彊「威烈王二十三年九鼎震」赧
楚兵至雒問周鼎」
王の十二年……遂使城周」「西周恐……寶器
秦本紀昭襄王五十二年
秦始皇本紀廿八年「始皇還過彭……弗得」

器

浴盆

周書·王會　堂後東北爲赤帟焉浴盆在其中

著ス

無足見于官司之表 廢爵見士虞禮

儀禮の 對禁見鄉射禮 又十一 儀禮八 廢

十二

禁棜々禁見人禮器

器用

古鏡之一

勉案：書酒誥：古人有言曰：人無於水監，當於民監。

監字从古以鑑于水為義。

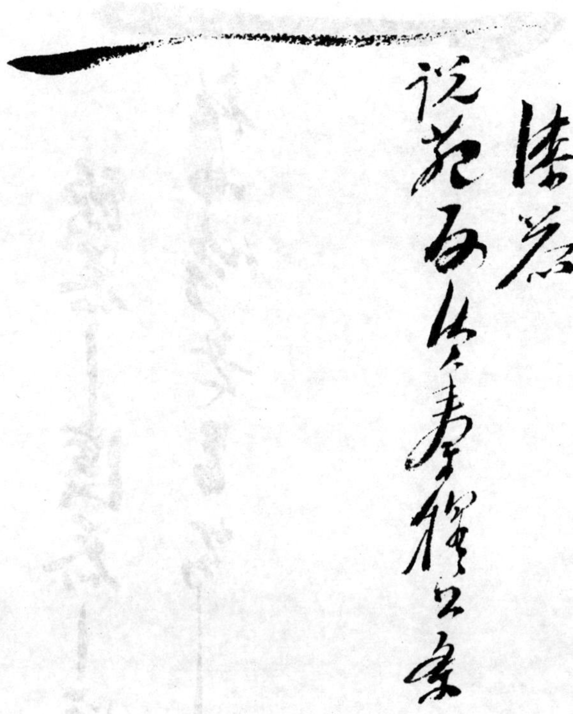

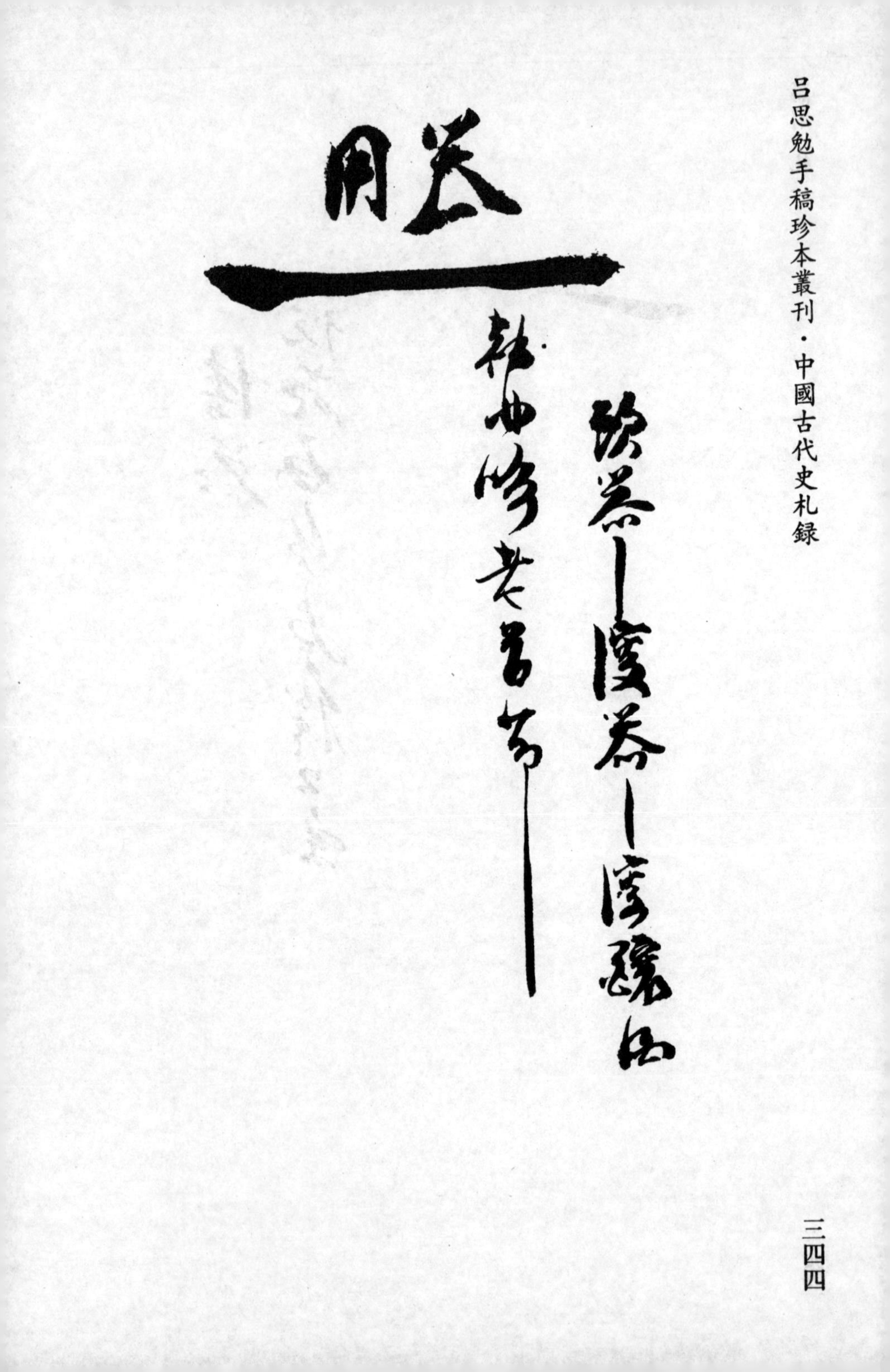

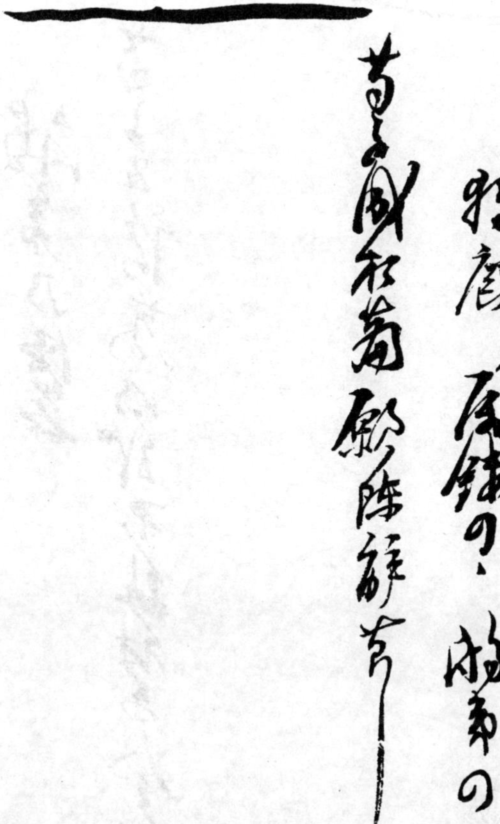

鴻第乃盛名

苟在務爲舊報不耕耕米令郎

器物

錢箴

清芬蘆居律緒 散文曰錢篇蘇氏曰

錢之為物可愛接為仰古之錢為今藏

錢藏頓為中乳可入不可出

斂存之

設文無郭錢實倒蓋為從無名釋古者氏

今呂竹 民部口 服則無長鉄寧千斗

讀鼎

說文句讀商訂[illegible]

款器

款刻持者款器之款也作欵

苕帚

說文段注艸部芀莂 句讀苕

器用

牀

緦麻不飲醴酒，此哀之發於飲食者也。父母之喪，既虞卒哭，疏食水飲，不食菜果；期而小祥，食菜果；又期而大祥，有醯醬；中月而禫，禫而飲醴酒。始飲酒者先飲醴酒，始食肉者先食乾肉。先飲醴酒、食乾肉者，不忍發御厚味。○與音預，斂力驗反，粥之六反，溢音逸，劉音實，二十兩也，莫音暮，疏食音嗣，下疏食同，醢本亦作醓，呼兮反，下同，醴音禮，期音基，下及注皆同，中如字，徐丁仲反，禫大感反。父母之喪，居倚廬，寢苫枕塊，不說絰帶；齊衰之喪，居堊室，苄翦不納；大功之喪，寢有席；小功緦麻，牀可也。此哀之發於居處者也。父母之喪，既虞卒哭，柱楣翦屏，苄翦不納；期而小祥，居堊室，寢有席；又期而大祥，居復寢；中月而禫，禫而牀。苄，今之蒲苹也。○倚於綺反，寢本亦作寑，七審反，苫始占反，枕之鴆反，塊苦對反，又苦怪反，說吐活反，苄戶嫁反，翦子踐反，牀徐仕良反，柱知矩反，一音張炷反，楣音眉，復音伏。○斬衰三升，齊衰四升、五升、六升，大功七升、八升、九升，小功十升、十一升、十二升，緦麻十五升去其半，有事其縷，無事其布，曰緦。此哀之發於衣服者也。此齊衰多二等，大功、小功多一等，服主於受，是極列衣服之差也。○去起呂反，下去麻同，縷力主反，差初佳反，後放此。○斬衰三升，既虞卒哭，受以成布六升，冠七升；為母疏衰四升，受以成布七升，冠八升。去麻服葛，葛帶三重。期而小祥，練冠縓緣，要絰不除。男子除乎首，婦人除乎帶。男子何為除乎首也？婦人何為除乎帶也？男子重首，婦人重帶。除服者先重者，易服者易輕者。又期而大祥，素縞麻衣。中月而禫，禫而纖，無所不佩。葛帶三重，謂男子也，五分去一而四糾之。帶輕既變，因為飾也。婦人葛絰，不葛帶。舊說云：三糾之練而帶去一股，去一股則小於小功之絰，似非也。易服，謂為後喪所變也。婦人重帶，帶在下體之上，婦人重之，辟男子也。其為帶猶五分絰去一耳。喪服小記曰：除成喪者，其祭也朝服縞冠。此素縞者，玉藻所云縞冠素紕，既祥之冠。麻衣，十五升布亦深衣也，謂之麻者，純用布無采飾也。大祥除衰杖，黑經白緯曰纖。舊說纖冠者采纓也。無所不佩，紛帨之屬，如平常也。纖或作綅。○為母于僞反，下注為後同，重直龍反，注三重同，縓七絹反，緣徐音掾，悅絹反，要一遙反，縞古老反，又古報反，注同，紕息廉反，注同，去起呂反，下同，糾居黝反，下同，股音古，辟音避，朝直遙反，紕婢支反，又音綼，綼音謂，紛芳云反，帨始銳反，綅徐息廉反，又音侵。易服者何？為易輕者也。因上說而問之。斬衰之喪，既虞卒哭，遭齊衰之喪，輕者包，重者特。說所以易輕者之義也。既虞卒哭，謂齊衰可易斬服之節也。輕者可施於卑，服齊衰之麻以包斬衰之葛，謂男子帶、婦人絰也。重者宜主於尊，謂男子之絰、婦人之帶，特其葛不變之也。此言包特者，明於卑可以兩施，而尊者不可貳。既練，遭大功

禮記間傳

器用

素牀。晉書禮志：泰始四年，皇太后崩，有司奏前代故事，倚廬中施白縑帳蓐素牀。此（卅上）則平時牀亦不素

晉書五行志：元帝永昌元年，甘卓將襲王敦，既而中止。及還家，多變怪。照鏡不見其頭，此蓋失其性而為狀也。（晉6下）

又（武帝）泰始之後，中國相尚用胡牀貊槃，及為羌煮貊炙，貴人富室，必畜其器，吉享嘉會，皆以為先。此（晉卅下）宋書五行志（卅上）

又舊為羽扇柄者，刻木象其骨形，列羽用十，取全數也。自中興初，王敦南征，始改為長柄，下出可捉，而減其羽用八。（晉卅下）

又戴若思少好遊俠……遇陸機赴洛，船裝甚盛，遂與其徒掠

記。若畢登岸，據胡牀，指麾周旋。」（四九之下）

晉書張重華載記：謝艾與麻秋戰，「下車據胡床，指揮處分。」（四六〇下）

又隱逸傳：楊軻「常臥土牀，覆以布被，倮寢其中，下無茵褥。」（九〇四下）

又公孫鳳隱於昌黎之九城山谷，冬衣單布，寢土牀。」（九〇四下）

又列女傳：何無忌母劉氏……無忌夜於屏風裏製檄文，劉氏潛以器覆燭，徐登橙於屏風上窺之。」按：證橙。字本作櫈，今以音轉改正。

又桓玄傳：性好畋遊，以體大，不堪乘馬，又作徘徊輿，施轉關，令迴動無滯。」（九九〇上）

又王猛傳：少貧賤，以鬻畚為業。嘗貨畚於洛陽，乃有一人貴買其畚。而云無道。自言家去此無遠。可隨去取直。直趨刹若竟而道之。
行不覺遠。忽至深山。見一女。老。頭髮皓然。頭枕床而坐。左右十
許人。有一人引植進拜之。母老曰。正爾何緣拜也。乃十倍償畚
直。遣人送之。植既出。顧視。乃嵩高山也。（齊諧記）
賀。南先鬻利廣柳戟記。占募未成。使人傳檀柜之。募士爭赴從道
度三旅。三軍擔揺。傳檀下馬。據胡床而坐。士衆心乃始安。（魏略22逸）
宋書武帝紀。宋臺既建。有司奏東西堂施局腳床。銀塗釘。上不許。
使用直腳床。釘用鐵。孝武大明中。壞上所居陰室。於其處
起玉燭殿。與群臣觀之。床頭有土鄣。壁上葛燈籠、麻繩拂。侍中
袁顗盛稱上儉德。帝不答。獨曰。田舍公得此。以為過矣。（三州）

南史一

宋書禮志：「天子坐漆牀，居朱屋。史臣按：左傳丹桓之楹，何休注公羊，亦有朱屋以居。所從來久矣。漆牀亦當是漢代之儀，而漢儀不載。蓋所以為朱為漆者，理有可言焉。夫珍木嘉樹，其品非一，莫不植根深巖，致之未易。藉地廣之資，因人多之力，則役苦費深，為敝滋重。是以上古聖王，采椽不斲，斲之則懼刻桷雕楹，莫知其限也。哲人懸鑑微遠，杜漸防萌，知采椽不極侈之心。不斲不為將來之用。故加朱施漆，以傳厥成。散木凡材，皆可入用。遠探幽遁，將在斯乎。」（十八，止）

宋書武二王傳：「南郡王義宣出走，棄其將士，逃散盡……夜遁向城。入南郡空廨，無牀，席地至旦。」（六八，8止）南史十三止

宋書良吏傳江秉之……遷補新安太守。元嘉十二年，轉在臨海。……在郡作書案一枚。及去官。留以付庫。（九二七）

齊書劉巘傳：博通五經。不以高名自居。遊詣故人，唯一門生持胡牀隨後。主人未通，便坐問答。（四九八）南史五十

又徐孝嗣傳：初，孝嗣在率府，晝卧齋北壁下，夢兩童子遽云：移公牀。孝嗣驚起，聞壁有聲，行數步，而壁崩壓牀。（四四八）南史書作

又宗室傳：始安王遙光垣歷生……降曹虎軍。……遙光還[illegible]。牀上自竦踴……閤外無人。吹滅火。扶匐下牀。（四五五）（五二）

又孔稚珪傳：永元……三年。稚珪疾。東昏屏除，以牀轝走，因此疾甚。遂薨。（四八七）

又書良政付虞愿，褚淵嘗詣愿，不在，見其眠牀上積塵埃，有書數

袠。淵歎曰：虞君之清，一至於此。令人掃地拂牀而去。（五三〇上）南史七下

又高逸付徐伯珍，少孤貧，書竹葉及地學書，山水暴出，漂溺宅舍，

村鄰皆奔走，伯珍累牀而止，讀書不輟。（五四〇上）南史七六

可案

又書魏虜付虜主及后妃常行乘銀鏤羊車，不施帷幔，皆偏坐，垂

腳轅中。在殿上亦跂據。（五七二上）

梁書楊公則付郢城平，高祖命衆軍即日俱下……大軍至新林，

公則自越城移屯領軍府壘北樓，與南掖門相對，嘗登樓望戰。

城中遥見麾蓋，縱神鋒弩射之，矢貫胡牀，左右失色。（五五七上）南史

梁書韋叡傳：去軍營數里……以爲江夏太守，行郢府事。初，郢城之拒守也，男女口垂十萬，閉壘經年，疾疫死者十七八，皆積尸於牀下，而生者寢處其上，每屋輒盈滿。（十二卷）南史五八卷

又韋放傳：普通元年，高祖遣……曹仲宗等攻渦陽，又以放爲明威將軍，帥師會之。魏大將費穆帥衆奄至，放軍營未立，麾下止有二百餘人……衆請……放突去。放厲聲叱之曰：今日唯有死耳。乃免冑下馬，據胡牀處分。於是士皆殊死戰，莫不一當百。魏軍遂退，放逐北，至渦陽。（廿八卷）南史五八卷

又孔休源傳：遷晉安王府長史……王深相倚仗……嘗於中齋別施一榻，云此是孔長史坐，人莫得預焉。（卅六卷）南史六十卷

梁書羊侃傳：有宦者張僧胤候侃，侃曰：「我牀非閹人所坐。」竟不前
之。（卅九注）南史六三注

又到溉傳：溉廬室單牀，旁無姬侍。（四十注）

又王僧辯傳：圍陸納於長沙，僧辯出坐壟上。……賊黨吳藏、李賢

明等……率銳卒千人開門掩出，蒙楯直進，徑趨僧辯。時……□

下遣人與戰。李賢明乘鎧馬，從者十騎，大呼衝突，僧辯尚

據胡牀，不為之動。（四五注）南史六三注

又處士傳：阮孝緒所居室唯有一鹿[redacted]牀，竹樹環繞。（五一注）

又止足傳：顧憲之臨終為制以敕其子曰：……朔望祥忌，可權安

小牀，暫設几席。（五二注）

梁書作李賢明

南史作……

梁書良吏傳何遠，器物無銅漆。（五三 三上，南史 七十 十上）

又侯景傳，自篡位後，時著白紗帽，而尚披青袍，或以象牙梳插髻。床

上常設胡床及筌蹄，著靴垂脚坐。（五六 二四下，南史 八十 六下）

陳書高祖紀，初饗宴，皆瓦器蚌盤。（二 一七上，南史 九 八下）南史通鑑作蚌盤者，以蚌飾，今語之螺鈿。

又王沖傳，嘗從文帝幸司空徐度宅，宴筵之上，賜以几。其見重如

此。（十七 二上，南史 廿 六下）

又虞寄傳，及謝病私庭，每諸王爲州，將下車，必造門致禮，命釋鞭

板，以几杖侍坐。（十九 五上）

南史宋本紀，孝武帝帝素有熱病，並患金創，末年尤劇，坐臥常須冷

物，後有人獻石床，寢之，極以爲佳，乃歎曰：木床且費，而況石邪

即今毁之。（八叶）

南史齊本紀：廢帝嘗[redacted]用定英記。援餘澡與左右。曰。此猶堪的日

同。（五叶）

南史梁本紀：東帝袁粲之據石頭。黃回與之通謀。皇考聞難作。率
家兵據朱雀橋。回覘人遙告曰。朱雀橋南一長者。英威毅然。坐
胡床南[redacted]向。回曰。蕭順之也。遂不敢出。（七叶）

又陳本紀：武帝又嘗獨坐胡床於閤下。忽有神光滿閤。廊廡之
間。並得相見。（九叶）

又劉穆之傳：穆之為丹陽尹。……召妻兄弟。……及至醉。……
……乃令廚人以金柈貯檳榔一斛以進之。（十五叶）

南史王玄謨傳：子瞻，豫章王嶷少時早與瞻友。瞻嘗候嶷，高論。

帝時在方牀寢，瞻語嶷曰：帳中人物亦復隨人寢興。（十六6下）

南史殷景仁傳：景仁臥疾者五年。……收湛之日。……其夜上出

華林園延賢堂召之。景仁猶稱肺疾。小牀輿以就坐。（廿七6上）

南史沈裕傳：子鏡少與……顏延之鄰居。顏談飲酒，喧呼不絕。

而鏡靜默無言聲。後鏡與客談，延之從籬邊聞之，取胡牀坐聽，

辭義清玄。延之心服。謂賓曰：彼有人焉。由是不復酣叫。（卅四上）

又顏延之傳：延之有愛姬，非姬食不飽，寢不安。姬憑寵嘗蕩延之

墜牀。枝損。竣殺之。延之痛惜甚至，嘗坐靈上哭曰：貴人殺汝，非

我殺汝。……（卅四9上）

南史庾仲文傳：性好潔。士大夫造之者，未出戶，輒令人拭席洗牀。(四五上)

又顧覬之傳：殷劉隙著，覬之不欲與殷景仁久接，乃辭腳疾免歸。每夜常於牀上行脚，家人竊異之，而莫曉其意。及義康徙廢，朝廷多以異同受禍，覬之竟免。(四五上)

又江斆傳：……紀僧真……請帝……帝（武）曰：……惟就陛下乞作士大夫。帝曰：由江斆、謝瀹，我不得措此意，可自詣之。僧真承旨詣斆，登榻坐定，斆便命左右曰：移吾牀讓客。僧真喪氣而退。(四六上)

又柳世隆傳：昇明元年，攸之反。……攸之乘輕舸從數百人，先大軍下。住白螺州，坐胡牀以望其軍，有自驕色。(四八上)

南史齊宗室傳臨汝侯坦之，少帝微聞外有異謀。……後在華林
園華光殿，露著黃縠褌，跂牀垂腳。謂坦之曰：人言鎮軍與王晏
蕭諶欲共廢我，似非虛傳，蘭陵所聞云何。坦之嘗作蘭陵令，故
稱之。（句乙作）　帝又夜醉，乘馬從西步廊向北馳走，如此兩三。
將倒，坦之諫，不從。執馬控，帝運拳擊坦之，不著，倒地，坦之與曹
道[redacted]剛扶抱，還壽昌殿，玳瑁牀上臥。又別起走，坦之不能制。坦
之馳信報皇后，至，請譬良久，乃眠。（延）
南史齊高帝諸子傳豫章文獻王嶷子子恪，……王敬則於會稽
反，以子恪為名，而子恪奔走，未知所在。始安王遙光勸上併誅
高武諸子孫。於是並敕竟陵王昭胄等六十餘人入永福省。令

大醫煮椒二斛，并命羅數十具棺材。蒨舍人沈徽孚曰：椒熟則一時賜死，期三更當殺之。會上暫臥，主書單景雋啟依旨毀之。徽孚堅執曰：事須更審。尔夕三更，子恪徒跣奔至建陽門。上聞驚覺曰：故當未賜諸侯命邪？徽孚以告。上撫牀曰：遂是眾誘人來。及見子恪，顧問流涕，諸侯並賜供饌。（冊二上）

南史荀伯玉傳：時武帝高在東宮……左右張景真偏見任遇。又多僭侈。武帝拜陵還，景真白服乘畫舴艋，坐胡牀，觀者咸疑是太子。（冊七上）

南史崔祖思傳：武帝即位，祖思啟陳政事……伏惟陛下……寢殿則素木卑構，膳器則陶瓢充御。（冊十九上）

南史劉善明傳，所居茅齋。斧木而已。牀榻几案。不加剗削。(四九卌)

南史梁武帝諸子傳，豫章王綜，嘗有人士姓王。以死躓投告。綜於時大之。惟有眠牀故皂複帳。即下付之。(五三卌)

大武陵王紀，游擊將軍樊猛率所領至紀所。紀在船中。遶牀而走。以金擲猛曰。此顧你送我一見七官。你爲當官賈。(五三卌)

紀隨學觀瞻。善風角。亦知不復什濟。瞻望氣色。歎咤天道。推牀拊閱於此。(卌)

大梁簡文帝諸子傳，哀太子大器，景廢簡文。將害太子。時景黨稱景命召之。太子方講老子。將下牀。而刑人至。太子顏色不變。徐曰。久知此事。嗟其晚耳。(五四卌)

南史梁簡文帝諸子傳尋陽王大心。景將任約略地至盆城。大心遣司馬韋質拒戰敗績。時帳下猶有勇士千餘人。咸說曰。……輕騎往建州。以圖後舉。……其母陳淑容不從。撫膺慟哭。大心乃止。遂與約和。二年。將遇害。遽牀謂賊廂公王偉黃曰。神以金州相命。即忍相告。乃見射而殞（五四上）

又魚弘傳有眠牀一張。皆是蹙柏。四面周匝。無一有異。通用銀鏤金花壽福兩重為腳。（五五下）

又呂僧珍傳乃拜南兗州刺史。僧珍在任。見士大夫迎送過禮。平心率下。不私親戚。兄弟皆在外堂。並不得坐。指客位謂曰。此兗州刺史坐。非呂僧珍牀。及別室。促膝如故。（五六下）

南史沈約傳：初，武帝有憾於張稷。及卒。因與約言之。約曰。左僕射出則邊州刺史。已往之事。何足復論。帝以為約昏家相為。怒約曰。卿言如此。是忠臣耶。乃輦歸內殿。約懼。不覺帝起。猶坐如初。及還。未至牀。憑空頓於戶下。（五七上）

又賀瑒傳：子革，有六尺方牀。思義未達。則橫臥其上。不盡其義。終不肯食。（六二上）

又陳宗室諸王傳：新安王伯固，吳州不知政事。南徐州（刺史）日出田獵。或乘眠輿。至於草間。輒呼人從游。動至旬日。（六五上）

又文學傳：崔慰祖父梁州之資。（父慶緒永明中為梁州刺史）家財千萬。散與宗族。漆器題為日字。日字之器。流乎遠近。（七二上）

南史隱逸傳沈驎士自爲終制。人家相承漆棺。今不復爾。(七六六上)

又賊臣侯景傳及升御牀。又腳自隨。(八十四上)

梁書扶南傳王坐則偏踞。翹膝。垂左膝至地。以白疊敷前。設金盆

香鑪於其上。(五の廿)

又婆利傳王偏坐金高坐。以銀蹬支足。(五の廿)

通鑑晉成帝咸和三年蘇峻遣兵攻吳國内史庾冰。冰不能禦棄

郡奔會稽至浙江峻購之甚急吳鈴下卒引冰入船以蘧篨覆

之吟嘯鼓枻泝流而去注說文曰蘧篨竹席也余謂從竹者今

之蘧篨也(九の廿)

胡牀即交椅。○通鑑晉穆帝永和三年注。胡牀蓋今交倚之類。凡

穎達曰今之交牀制本自虜來隋以讖有胡改名交牀（九七上）

鑰匙。通鑑齊武帝永明十一年注鑰所以啟鑰今謂之鑰匙（卅八下）

跂坐。通鑑齊明帝永泰元年注跂坐垂足而坐踵不及地也（卅二上）

宰人上膳果栽[illegible]人北史魏文成文明皇后馮氏傳（十三上）

北史穆紹傳穆崇……河南尹李獎往詣紹獎以紹郎謂必致敬紹

又待其是是其國主匡坐待之不為動膝獎出恨望較揖而

是議此西[redacted]謝焉（廿八下）

又古弼傳弼入欲陳奏遇帝與給事中劉樹棊志不聽事弼侍坐

良久不獲申聞乃起於帝前捽樹頭掣下牀（卅五下）尒朱榮傳

榮與天穆並御牀西北小牀上坐時被殺（四八下）

齊民要術種漆篇：凡漆器，不問真偽，過客之後，皆須以水淨洗，置牀箔上。於日中半日許曝之使乾，下晡乃收，則堅牢耐久。若不即洗者，鹽醋浸潤，氣徹則皺，器便壞矣。其朱裏者，仰而曝之。朱本和油，性潤耐日。故盛夏連雨，土氣蒸熱，什器之屬，雖不經夏用，六七月中各須一曝使乾。世人見漆器暫在日中，恐其炙壞，合著陰潤之地，雖欲愛慎，朽敗更速矣。（五47）　案觀不問真偽之言，則當時漆器已偽也

魏書自序：收……夏月坐板牀，隨樹陰諷誦，積年，牀板為之銳減，而精力不輟，以文華顯。（8039頁）

鄴善采母坐於牀，夜采孫事隨於八十卌

隋書韋世康傳：弟藝，營州總管。藝容貌瓌偉，每夷狄參謁，必整儀衛，盛服以見之，獨坐滿一榻，番人畏懼。可見 27下古代之紙[illegible][illegible][illegible]，所謂新紙以[illegible][illegible][illegible]，何以東[illegible]紙勝為佳者

紙有羅紋，所以優書也，至胡棉紙則有羅紋，所以優大。　竹三同志[illegible]

毛[illegible]羅紋紙一類，從前棉紙[illegible][illegible][illegible][illegible]也

用之

鑊破以棉花塞其孔即不漏此蓋亦然

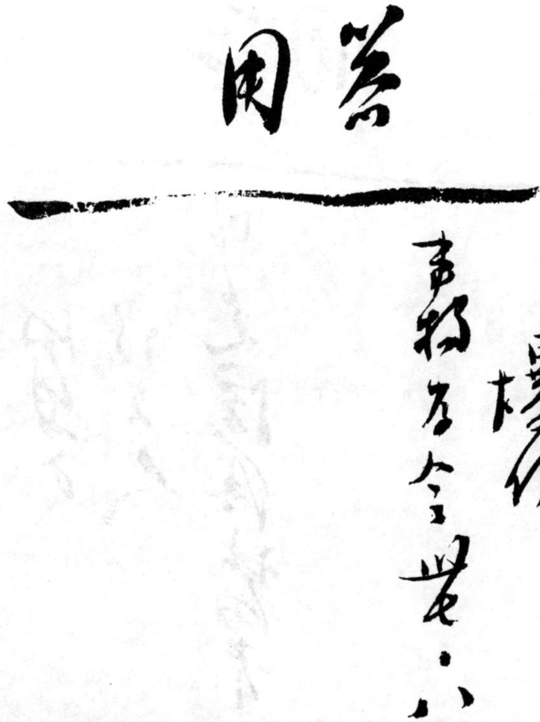

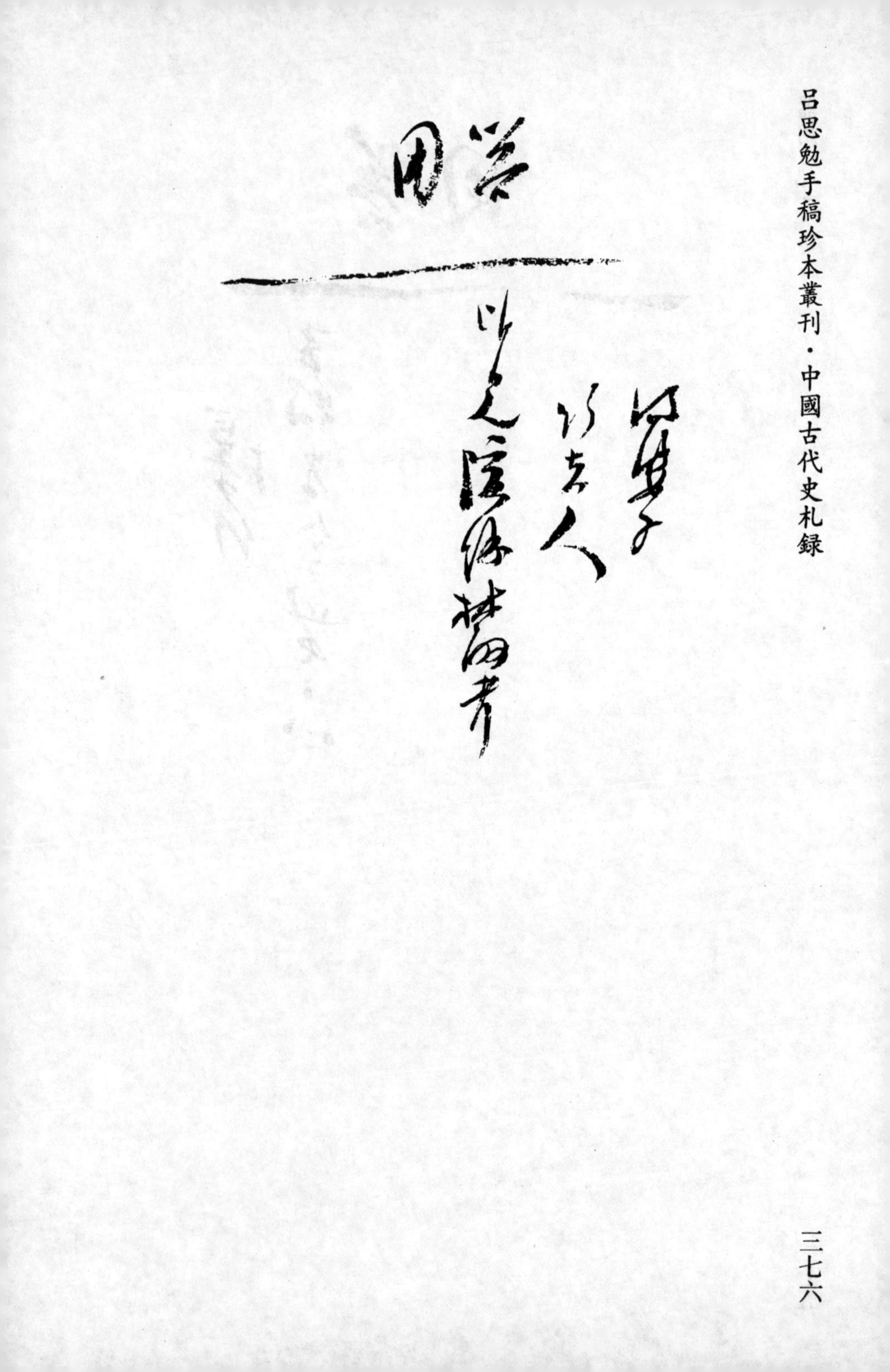

器用

螺情

采方匀泊宅滴螺情蓄奉上使圓焖参百鍰湖

楊士巧

燕閒

序

古人怡情翰史　以嬰嬰者何以能同樂入

究書損友全其　庚寅春書於燈下謝條

器用

雨傘

家鄉往昔無有好傘時日雨為斗蓋
家藏唐人畫內前代士大夫出遊傘不知其蓋至
元明時以所採之竹油紙造成之傘佳于半日
騎馬雨傘日無好

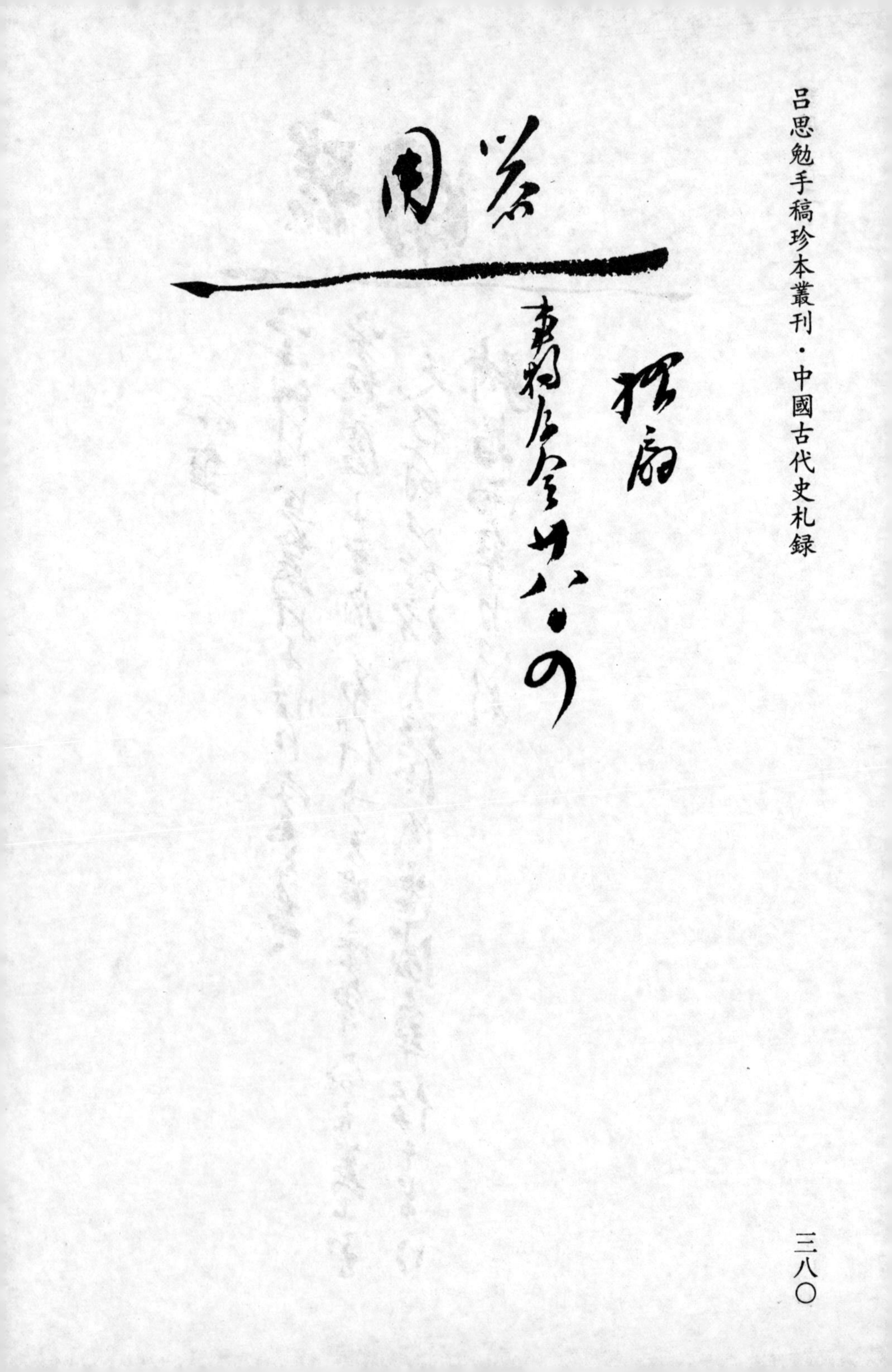

[illegible]